こんなときどうする？

Q&A

選挙運動早わかり

地方議会選挙の手引き

第7次改訂版

全国町村議会議長会［編］

JN017652

学陽書房

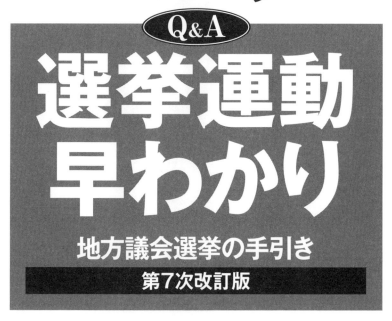

序

民主政治の確立ということは、実際に政治をする人も、受ける人も気持を一つにして努力しなければ、いくら口でやかましくいったところで到底むずかしいことである。

町村の自治は、この中でも最も手近な、それでいて非常に大切な政治の基盤であって、町村自治の向上がなければ、国の政治の発展はないといってもよい。

今回の一般選挙は、このような町村の自治が、どれだけ良くなるかを決める大切な問題であるから、立候補者は十分この気持に徹して、明朗な町村政をつくるために、まず、公明正大な選挙を実現して、町村自治のためにつくされることを願ってやまない。本書は、この公明選挙のために、いかに間違いなく運動をすればよいかを分り易く書いたもので、初めて出る人にも、選挙になれた人にも適当な案内書であると思う。あえてみなさんにおすすめする次第である。

昭和三三年一二月

金森徳次郎

はしがき

地方分権改革の進展により、地方公共団体の自由度が拡大し、自主性及び自立性の高まりが求められる中、住民の代表機関である地方議会の果たすべき役割と責任は格段に重くなっています。

このような状況において、議会が適切な役割を果たすためには、議会の機能強化を図るとともに、多様な人材が議会に参画することが求められています。このため、議会の構成員である議員を選ぶ地方議会議員選挙の有する意義は誠に重大であると言わなければなりません。また、地方自治の一層の進展を期すためにも、この選挙が『明るく公正に』行われる必要があります。

本会では、昭和三三年以来、町村議会議員候補者のために、選挙の心得ともいうべき身近な問題点を中心に問答式で本書を編集し、多くの方々に活用され、好評を得ています。

今回の改訂では、令和二年六月一二日に公布された公職選挙法の改正により、町村議会議員選挙における選挙公営の対象が拡大されるとともに、供託金制度が導入されたことから、その内容を中心に見直しを行いました。これまでと同様に、主として候補者や運動員の方々が選挙戦に臨むに当たって留意すべき事柄を、できる限りわかりやすく解説しており、本書が多くの関係者に広く活用され、明るく公正な選挙が推進されるよう期待するものです。

最後になりますが、今回の改訂にあたり、監修をいただいた選挙制度研究会の皆様に対し、厚くお礼を申し上げます。

令和二年一〇月

全国町村議会議長会

凡例 ――本書の内容について――

1　本書は、町村議会議員の選挙運動の手引として作成したものであるから、町村議会議員の選挙に適用される規定についてのみ述べ、その他の選挙関係は除いた。

2　質問は上段に、回答は下段に配列、対照できるようにした。

3　本書中、以下の略称を使用した。内容は、令和二年八月三一日現在のものである。

法　または　公選法　公職選挙法（昭和二五年法律第一〇〇号）

令　公職選挙法施行令（昭和二五年政令第八九号）

規則　公職選挙法施行規則（昭和二五年総府令第一三号）

一三六の二②Ⅲ　第一三六条の二第二項第三号

4　いろいろな事例に対し、その解釈は微妙な点もあるので、町村の選挙管理委員会の指導を受けることが望ましい。

目　次●こんなときどうする？　Q＆A　選挙運動早わかり

第3章　選挙運動

第6章　選挙犯罪と当選無効、選挙権および被選挙権の停止

第7章　選挙争訟と当選争訟

こんなときどうする？

Q＆A　選挙運動早わかり

地方議会選挙の手引き

第1章——選挙準備と事前運動

1 立候補の準備

Q 立候補の準備として、どんなことが許されているか。

A 候補者自身による「瀬踏み行為」や、第三者が行う選考会、推薦会など、あるいは選挙事務所や個人演説会場の借入れの内交渉、ポスターや立看板の製作の手配といった選挙運動のための準備行為は許されているが、後で述べるようないわゆる「事前運動」は法律上禁止されている。

2 瀬踏み行為

Q 瀬踏み行為とはどんなことか。

A 立候補するからには当選したいのが人情。しかし、選挙民の支持があるのかないのか、あるとしてもどの程度支持してくれるだろうか。これをはっきりつかんで立候補することが戦いを有利にすることでもある。たとえば一〇〇票を当選ラインとした場合、地元のA地区で八〇票とれるとすれば、B、C地区で不足の二〇票をとればいい、ということになり、運動の主力をB、C地区に投入すればいいわけである。こうした支持状況をあらかじめ調査することが「瀬踏み行為」といわれている。

Q　どんな方法で瀬踏みをすればいいか。

A　選挙区内の有力者、たとえば特定の地区会長とか、農協とか、商店会の役員といった人びとに立候補の可否を問い合わせるとか、選挙区の情勢を聞くという方法もあるし、自ら町政批判演説会のようなものを開いて直接選挙民の反響をみるのも一方法であろう。

Q　瀬踏み行為でも違反になることがあるか。

A　純粋な瀬踏み行為そのものは違反ではないが、そのやり方によっては事前運動の禁止、戸別訪問の禁止などの違反になりかねない。たとえば選挙民の支持の状況を判断するための資料集めにとどまるものならばいいが、あわせて投票を依頼したような事実があれば、相手が四、五人という少数の者でも事前運動となる。

3　選考会・推薦会

Q　選考会や推薦会というのはどんな方法でやればよいか。

A　これは、多くの場合、組合や有権者の集会などで自主的に相談を重ねて推薦する候補者を決めるという方法がとられている。ただ、この場合に注意すべきことは、それが最初からある特定の人をきめておいて、その人について参会者の賛否を問うような形で行われれば違反となるということである。最初はまったく白紙で、いろいろ話し合った結果、ある特定の人を決めるというやり方でなければ許されない。

Q　推薦された者（候補者）がその席にいてもよいか。また推薦された結果「よろしく頼む」とあいさつすることはどうか。

A　推薦された者が同席していてもかまわない。また、その候補者が「どうぞよろしくお願いします」とあいさつすることは単なる儀礼の程度ならばよいが、積極的に投票を依頼するようなものと認められる場合は、違反となる。

Q　推薦会で決定した候補者名を外部に公表することはどうか。

A　その会に出席している人だけに知らせることはよいが、外部に発表し宣伝するようなやり方をとると、多くの場合違反となる。

Q　推薦会で決定した候補者を各戸に周知させることは許されるか。

A　正当に代理者として委任された者が、推薦の結果を、委任した人に通常行われている方法（その会がいつもとっている方法）で知らせることは内部行為として認められるが、その他の人たちに知らせたり、広く一般に知らせることは違反になり、また有志だけで推薦候補を決め、これを各戸に知らせることも違反になる。別の用事で訪れた先でたまたま話題になった場合など違反にならないこともあるが、一軒一軒、氏名をふれ歩くことはほとんど許されないと考えなければならない。

4　後援会

Q　後援会を結成する場合はどうか。

A　当人の人格識見を敬慕し、事業を後援するなどのため後援会を結成し、その加入を呼びかけること自体は問題にはならないが、その方法、時期などによっては事前運動とみなされ、違反になる場合がある。たとえば、立候補予定者の氏名の普及宣伝方法であると認められる場合や、加入呼びかけの文書に投票依頼の文言またはそれを推察しうる文言がある場合などである。また、後援会結成の準備が不十分なのに、選挙が近づいたからといって加入呼びかけの文書をバラまいたり、文書に後援会事務所の住所、連絡先がなかったり、総会開催通知でありながら日時、場所が記載されていない場合なども違反となることが多い。

なお、後援会を結成した場合は、結成の日から7日以内に文書で都道府県の選挙管理委員会に届け出る必要がある（政治資金規正法六）。

5　選挙運動の準備

Q　選挙運動の準備はどんなことをすればよいか。

A　立候補することが決まれば、早めに選挙運動の準備にとりかかっておかなければならない。立候補してから準備するのでは他の候補者に立遅れることになる。したがって、次のような許される範囲の準備は、事前に手早くすませておくことが必要である。

①　選挙事務所、自動車（船舶）、拡声機、個人演説会場などの借入れの内交渉

②　出納責任者や選挙運動員就任の内交渉

③　選挙事務員、「専ら選挙用自動車または船舶の上における選挙運動のために使用する者」（車上運動員、いわゆるウグイス嬢）の人選など

④　労務者雇入れの内交渉

⑤　選挙演説出演依頼の内交渉
⑥　選挙運動用葉書の文案、印刷の手配や葉書による推薦依頼の内交渉。ただし、事前に葉書を渡すことはできない。
⑦　立札、看板、ちょうちん、タスキなどの作成
⑧　ポスターの作成
⑨　選挙運動資金の調達
⑩　政党の公認を求める行為

以上のような準備行為は、直接選挙人を対象としていないので選挙運動ではないわけだが、こうした行為とあわせて投票依頼などをすると事前運動となるので注意が必要。

Q　その他準備すべきことはないか。

A　限られた期間に、限られた費用で、しかも制限された運動方法のワクの中で選挙を戦い、見事当選するためには、最も効果的な運動ができるよう、あらかじめ周到な計画がいる。たとえば、次のようなことが考えられる。

(1)　当選に必要な得票数の算定――自分の選挙区の有権者数と立候補予定者が何人で、どれくらいの得票があれば当選できるかを、過去の選挙結果や、目下の情勢などを調査勘案して、およその見当をつけておくことが必要であろう。

(2)　選挙運動の費用――制限額がいくらくらいになるかを調べ、その範囲で、最も有効に運動するには、どのような方法がいいか、その経費

はどれくらいかかるかを考えておかねばならない。

(3)　運動の重点の計画——自分の支持層はどこにあるか（農民の支持を得る人、勤労者の支持を得る人、商工業者の支持を得る人などさまざまであろうが）、それによってどの地域に重点をおくか、どんな方法に重点をおくか、いつ、どこで、どんな方法で運動するかなど合理的に計画をたてておく必要がある。

(4)　組織的選挙運動管理者等に対する相当の注意——組織的選挙運動管理者等が買収罪を犯し禁錮以上の刑に処せられた場合において、候補者等が、組織的選挙運動管理者等が買収等を行うことを防止するための相当の注意を怠ったときは、たとえ選挙で当選してもそれを無効とされ、かつ、連座裁判の確定の日から五年間の立候補制限が科せられることとなるため、組織的選挙運動管理者等に対して、十分な注意喚起を行う必要がある。

(5)　各種原稿の作成——立候補の届出が済んだ後、直ちに選挙運動を効果的に行うことができるように万端の準備を整えておくことが望ましい。そのためには、これまで記述してきた準備行為の他にも、選挙運動用葉書やポスターに記載する文章、内容の検討、演説の草稿、選挙公報が発行される場合にはその原稿等についても準備しておく必要がある。

6　事前運動

Q　事前運動とはどんなものをいうか。

A　立候補を決意すると、直ちに選挙運動に着手したいのが人情であり、最近では「選挙運動は告示の日をもって終わる」とさえいわれているほどで、実際に、大っぴらな選挙運動はやらなくても、スレスレのところで事前の運動が行われている例が少なくない。しかし、公選法ではこれをいわゆる「事前運動」として禁止している（法一二九）。選挙運動ができるのは、原則として立候補の届出があった日から選挙の期日の前日までである。

	選挙期日の告示	立候補の届出をすることができる期間	選挙運動期間
町村議会議員	少なくとも選挙期日前五日	告示の日	立候補の届出があった日から選挙の期日の前日まで

そこで、事前運動として禁止されているのは、この許された期間以外におけるいっさいの選挙運動である。したがって、戸別訪問や買収のように選挙運動期間中にも禁止されている行為はもちろん、個々面接や電話による選挙運動のように期間中であれば制限されないような行為も立候補届出前にすることはいっさい許されないということである。

Q　立候補の届出が済んでいなくても

A　候補者の選挙運動期間は、立候補を届け出たときから選挙の期日の前

選挙期日の告示があれば、選挙運動をしてもよいのではないか。

日までであるから、たとえ告示があってもその候補者が立候補の届出をし受理されない限り、選挙運動に入ることはできない。したがって、届出前に選挙運動を行った場合は、事前運動として違反になる。

Q　事前運動と立候補の準備とはどう違うか。

A　その限界はなかなか微妙で、事実についての判定による場合が多いが、要するに投票依頼の意思がなく、純粋に準備行為として行われるものならばよいということになる。

たとえば、後援会の結成にしても、その目的が当人を当選させることにあることが明らかな場合、その組織の結成方法や活動内容のいかんによっては選挙運動と認められる。候補者の選考会、推薦会にしても、あらかじめ特定の人を決めておいて、単にその会合でこれを承認させ、あるいは形式的に決定するにすぎないような場合は選挙運動となり、事前運動の禁止にふれることになる。また選考会の結果を外部に発表宣伝することも多くの場合違反となる。さらに立候補の瀬踏み行為でも、やり方によっては事前運動となり、あるいは戸別訪問の禁止、文書制限などにもふれてくるおそれがある。

Q　町村議会議員選挙の際、ある立候補予定者の後援会の会員が、その予定者を農業組合推薦とするため組合員の各戸を訪問して、推薦する署名をとって歩くやり方は事前運動かど

A　事前運動と認められる場合が多い（署名運動の禁止に抵触するおそれもある。）。

うか。

Q　漁業組合の組合長がある選挙に水産関係から候補者をたてる目的で漁民大会を開き、候補者を推薦決定することは違反か。

A　白紙の状態で大会にはかり、特定人を推薦決定することは差し支えないが、あらかじめ決定した特定人のため推薦決議するやり方ならば事前運動として違反となる。

Q　村の特定の地区の寄合いで、有力者が、特に選挙の話としてでなく、ある候補者を尊敬するような言動を行うことは、事前運動となるか。

A　通常の世間話であって、特にその候補者に投票させる目的でしたものでなければ、許される。

Q　立候補届出前に、自分の選挙区内の有力者に対し「立候補の件本日決定した。各位へよろしくお伝え下さい」と打電するのは差し支えないか。

A　打電の数、被打電者との関係などから判断して、投票依頼のためにするものと認められない限り差し支えない。

Q　立候補予定者が自分の名前を書いて時局講演会、議会報告会などのポスターや看板を貼り出したりした場合はどうか。

A　実際にそうした会を開く場合には違反にならないが、数や形体には制限があるので注意を要する。

立札および看板の類は、町村議会議員の場合、公職の候補者等一人が掲示できる立札、看板の類の数は、合計四つ以内で当該公職の候補者等又はその後援団体の政治活動の事務所ごとに二つ以内。事務所以外では開催中に会場で使用されるものを除いて掲げることはできない。ポスターは枚数に制限はないが、ベニヤ板やプラスチック板などで裏打ちしたものやその表面に掲示責任者および印刷者の氏名および住所の記載のないもの、候補者などもしくは後援団体の政治活動のために使用する事務所もしくは連絡所を表示し、または後援団体の構成員であることを表示するものおよび選挙前の一定期間（地方選挙の場合は、任期満了の日の六月前の日からまたは選挙事由が告示された日の翌日から選挙の期日までの間）に当該選挙区内に掲示することは禁止されている。また、名前や顔写真が必要以上に大きかったり、開催期日の相当前から掲示しておいたりすると事前運動とされ、違反となる場合が多い。

Q　特定候補者を擁立しようとする者が、その事務所を設け関係者を集合させて選挙運動の事務打合せをする行為は、差し支えないか。

A　選挙運動の準備にとどまる限り差し支えない。

Q　立候補しようとする者が、旅行その他の事情で、他人にその準備を依頼することは差し支えないか。

A　候補者となろうとする者が、その代理者に、許された範囲内の準備行為を行わせるものであれば差し支えない。

Q　次のような行為は、事前運動として違反となるか。

(1)　ポスターの印刷
(2)　選挙事務所の借入れ
(3)　推薦会の結成と会員募集

A　ポスターを印刷しておくことや、選挙事務所借入れの内交渉すなわち「選挙事務所として貸してくれるか」と問い合わせるにとどまる行為は差し支えない。また、白紙の状態で行う推薦会なら差し支えないが、会員募集は投票獲得の意味を含めたものが往々にしてあるから、この場合は、事前運動となる場合が多いことに注意する必要がある。

Q　町村内の有力者が候補者の推薦会を開き、推薦候補者を決定した後、引きつづきその候補者のため選挙運動の方法を協議することはどうか。

A　単に運動の方法を協議するにとどまる場合は差し支えないが、多数会合の席上で右のような行為を行う場合は、とかく協議に名を借りて会同者の投票獲得を目的とする場合が多く、そのような行為をすれば違反となる。

Q　立候補の届出前に「何某立候補のあかつきはあなたのお知り合いの方々に推薦状を出してやってください」と依頼する行為は差し支えないか。

A　選挙運動用葉書を立候補届出後に出してもらうための内交渉の範囲なら許されるが、一般的な推薦状を出すよう依頼することや、投票依頼とまぎらわしい行為は事前運動とされる場合が多い。

Q　事前に選挙運動用葉書（法一四二）のあて名書きを他人に依頼して行うことは違反となるか。

A　あて名書きにかこつけた事前運動と認められない限り、差し支えない。

Q　立候補する者が、自己の氏名が入った選挙に関係のないことを記載した文書を掲示することはどうか。

A　選挙運動のために行うのでなければ差し支えないが、売名のためのことさら、氏名を大書きしたり集中掲示するなど選挙運動のために行うものであれば、事前運動として違反になる。また、当該文書が政治活動のために使用するものである場合は、掲示できる形体や期間に制限があるので注意を要する。

7　政治活動

Q　ふつうの政治活動は事前運動にならないか。

A　いわゆる党勢拡張を目的とする政党活動のような一般の政治活動は、選挙運動に似ているが選挙運動ではない。元来、政党その他の政治団体の目的は、主義主張に基づく政策、施策を普及宣伝して究極には選挙民の信頼を得、その結果、自党の議員や内閣などの手で政策、施策を実現していくところにある。そこで、そのような政党その他の政治団体が行う政治活動は、特定のある候補者の当選を目的とする投票依頼行為でなく、したがって選挙運動とは異なる。

さらに個人の場合にも、このことはあてはまる。立候補を決意した者や現職議員で次の選挙にも立候補する意思のある者が、演説や文書による活動をすることは事前運動の禁止にふれるおそれがあるからといって、手をこまねいているわけにはいかない。当然活発な政治活動を展開して、その人格、識見、抱負を披れきしなければならないが、その方法には、たとえば次のようなものがある。

(1)　通常、選挙区培養といわれる選挙民との座談会、懇談会などはその一つである。

(2)　町・村政報告演説会の開催や町・村政報告文書の作成頒布も、投票依頼の意図からするものでない限り、町・村政を委託された議員として、自己を支持する選挙人に対する当然の義務であるとすらいえよう。

(3)　現職議員が町・村政報告演説会を開催したり、他方、あらたに立候補しようとする者が、その政見を選挙民に披れきするため時局講演会や町・村政批判会を開催することは、そのことがら自体は必要なことであり、何ら事前運動の禁止にふれるものではない。

ただ、これらの政治活動でも、単にそれに名をかりるだけで、実は投票を得るのが目的である場合は、選挙運動となり、当然、事前運動の禁止規定にふれてくる。

たとえば、選挙が近いのを見越し、演説会と称して、その告知ビラをむやみにはりめぐらして、自分の氏名を選挙人に宣伝し、選挙に有利ならしめようとするのが目的と認められれば、明らかに選挙運動となるから注意すべきである。

Q　町・村政批判のパンフレットを作成し、配布することは許されるか。

A　配布の時期、方法、パンフレットの内容にもよるが、投票依頼の意思が認められない限りは違反にならない。

8　寄附の禁止

Q　罰則をもって禁止される候補者等の行う寄附の例を示して欲しい。

A
(1)　候補者等が妻や秘書名義で選挙区内にある者に対して寄附をすること。

Q　罰則をもって禁止される候補者等の祝儀、香典の例を示して欲しい。

A
(1)　候補者等が結婚披露宴や葬式に出席を予定している場合であっても、祝儀や香典を事前に相手方に届けること（最初に行われる葬式の日までの間に自ら弔問しその場においてする香典は対象外）。
(2)　町内会の野球大会に際してカップや記念品を贈ること。
(3)　町内会の野球大会に際して優勝者の持ち回りとするためのカップを貸与すること。

候補者等[※1]が選挙区内にある者に対して寄附をすること（政党や親族に対するもの及び政治教育集会に関する必要やむを得ない実費の補償[※2]は除かれる。）は、いかなる名義をもってするものであっても禁止されており、次のものを除きすべて罰則の対象となる。
①　候補者等本人が自ら出席する結婚披露宴における祝儀
②　候補者等本人が自ら出席する葬式や通夜における香典
（①や②であっても、選挙に関してなされた場合や通常一般の社交の程度を超えている場合は処罰される。）

なお、候補者等以外の者が、候補者等名義の寄附をすることも罰則をもって禁止される。

※１　「候補者等」とは、「公職の候補者、公職の候補者となろうとする者及び公職にある者」をいう。
※２　政治教育集会に関する実費の補償のうち、食事についての実費の補償は禁止され、罰則の対象となる。

(2)　候補者等の秘書や配偶者などの親族が葬式に代理出席して政治家の香典を相手方に渡すこと。

(3)　候補者等が葬式の際、供花・花輪を相手方に対して出すこと。

(4)　密葬の日の後、候補者等が弔問して香典を相手方に渡すこと。

(注)　いずれも相手方が選挙区内にある者で親族でない場合である。

Q　「祝儀」は、金銭に限らず、品物も含むと解してよいか。

A　品物も含む。

Q　香典は金銭に限るか。たとえば、線香をもっていくことはどうか。

A　香典は金銭に限られるので、線香をもっていくことは罰則をもって禁止される。

Q　会費制の会合に定められた会費を支払って候補者等が参加することはできるか。

A　会費制の会合に出席して「会費」を支払うことは、それが「会費」である限り、禁止されない。

Q　町内会の役員が町内にいる候補者等に対して祭りの寄附を勧誘・要求することはできるか。

A　候補者等に対し、寄附を出すように勧誘や要求をすることは、原則として禁止されており、候補者等を威迫してあるいは候補者等の当選または被選挙権を失わせる目的で勧誘や要求をすると処罰される。

候補者等の名義の寄附を求めることも原則として禁止され、威迫して求めると処罰される。

Q　「威迫して」とはどういう意味か。

A　「威迫」とは「人に不安の念を抱かせるに足りる行為」をいう。

Q　A株式会社社長の甲山乙夫が候補者等である場合、A株式会社が「A

A　候補者等がその役職員または構成員である会社その他の法人または団体は、当該選挙区（選挙区がないときは選挙の行われる区域）内にある

株式会社社長甲山乙夫」と記載したのし紙をつけた中元を選挙区内にある者に贈ることはできるか。

者に対し、いかなる名義をもってするを問わず、これらの者の氏名を表示し、またはこれらの者の氏名が類推されるような方法で寄附をしてはならず、選挙に関するものであれば罰則の対象となる。

なお、政党その他の政治団体またはその支部に対するものは禁止されていない（ただし、政治資金規正法上、会社、労働組合、職員団体その他の団体（政治団体を除く。）は、政党及び政治資金団体以外の者には寄附できない。）。

また、寄附の態様により、会社ではなく候補者等が寄附していると相手方に思わせる場合（たとえば、「甲山乙夫」の部分をことさら大書し、あるいは「甲山乙夫からです」などという場合）には、「候補者等を寄附の名義人とする寄附」にも該当し、選挙に関するものでなくても罰則の対象となる。

Q　候補者等が会長である団体が候補者等の氏名を表示した表彰状を授与することはできるか。また、氏名表示の記念品やカップを贈ることはどうか。

A　表彰状の授与はできるが、記念品やカップを贈ることはできない。

Q　後援会[※1]が選挙区内にある者に対してすることが禁止される寄附の例を示して欲しい。

A
(1)　会員あるいはその身内の不幸に際し、花輪、香典を出すこと。
(2)　町内の老人会の設立10周年記念やソフトボール大会に祝いや賞品を出すこと。

Q　「花輪、供花、香典、祝儀その他これらに類するもの」とはどういうも

(3)　選挙区内にある者の家の新築祝いを出すこと。

後援会は、当該選挙区内にある者に対し、いかなる名義をもってするを問わず、次の(1)(2)(3)に掲げる場合を除き寄附をしてはならない。

(1)　政党その他の政治団体またはその支部に対して寄附をする場合

(2)　当該公職の候補者等に対して寄附をする場合

(3)　当該後援会がその団体の設立目的により行う行事または事業に関し寄附をする場合。ただし、このような寄附であっても、花輪、供花、香典、祝儀その他これらに類するものとしてされる寄附をすることは罰則をもって禁止される。

また、任期満了による選挙にあっては[※2]任期満了の日の前九〇日から、任期満了以外の選挙については選挙の事由が生じた旨を選挙管理委員会が告示した日の翌日からそれぞれその選挙期日までの間は、その後援会の設立目的により行う行事または事業に関してされる寄附であっても罰則をもって禁止される。

※1　「後援会」とは「公職選挙法第一九九条の五第一項に規定する後援団体」のことである。

※2　なお、統一地方選挙の場合には、この禁止期間について特例が設けられるのが例である。

A　しきみ（しきび）、法事等における供物や供物料、各種式典における盛物等が当たる。

のか。

Q　後援会の「設立目的により行う行事または事業」とはどういうものと解してよいか。

A　後援会の設立目的の範囲内において行う後援会の総会その他の集会、見学、旅行その他の行事や印刷、出版などの事業等をいう。

Q　後援会が会員のゲートボール大会を開催した場合、後援会が優勝者に高額な時計等を贈ることはどうか。

A　高額な時計等を寄贈することは後援会の設立目的により行う行事、事業に関するとは認められない場合が多く、また、祝儀に該当すると認められる場合もある。

9　あいさつ状の禁止

Q　候補者等が年賀状、寒中見舞状、暑中見舞状その他これらに類する時候のあいさつ状を出してよいか。

A　候補者等は、当該選挙区内にある者に対し、答礼のための自筆によるものを除き、年賀状、暑中見舞状などの時候のあいさつ状（電報なども含まれる。）を出すことは禁止される（法一四七の二）。

Q　次のようなあいさつ状は自筆のものとは認められないか。

(1)　印刷した時候のあいさつ状に候補者等が住所と氏名を自書したもの。

(2)　ワープロによる時候のあいさつ状。

A　自筆のものとは認められない。（こうしたあいさつ状を選挙区内にある者に出すことは禁止される。）

Q 印刷した年賀状などのほか禁止されるあいさつ状の例を示して欲しい。

A (1)「喪中につき年賀のあいさつを失礼します」なる欠礼の葉書。
(2)年賀電報、電子郵便により送る年賀のためのあいさつ状。
(3)ファックスにより送る年賀のためのあいさつ状。
(4)クリスマスカード。

Q 弔電や各種の大会についての祝電は禁止されるか。

A 選挙運動と認められない限り、禁止されていない。

10　挨拶を目的とする有料広告の禁止

Q 候補者等や後援会は当該選挙区内にある者に対し、挨拶を目的とする広告を有料で新聞に掲載させることはできるか。

A 候補者等や後援会が、当該選挙区内にある者に対し、主に挨拶を目的として、新聞、雑誌、テレビ、ラジオ、インターネット等を利用する方法により頒布される文書図画などにより、有料の広告（いわゆる名刺広告など）を出すと処罰される（法一五二）。

なお、候補者等や後援団体に対し、挨拶を目的とする有料の広告を求めることも禁止されており、威迫して求めると処罰される。

ここでいう「挨拶」とは年賀、寒中見舞、暑中見舞その他これらに類するもののためにする挨拶及び慶弔、激励、感謝その他これらに類するもののためにする挨拶をいうものとされている。

Q 禁止される「慶弔、激励、感謝その他これらに類するもののためにす

A 各種の大会の祝いや人の死亡についての挨拶、高校の野球大会出場に際しての激励挨拶、災害見舞等も禁止される挨拶に含まれる。

る挨拶」とは、具体的にはどのようなものが考えられるか。

Q　候補者の親族が死亡した旨の広告は禁止されるか。

A　死亡した旨及び葬儀の日時等を通知するにとどまる場合は差し支えないが、併せて選挙人に対して挨拶する目的を有している場合は違反する。

Q　政策広告は禁止されるか。

A　純粋な政策広告は一般的には挨拶を目的とする有料広告には該当しないので禁止されない。

第2章——立候補の届出

1　立候補の資格

Q　立候補するにはどうすればよいか。

A　町村議員の候補者になろうとする者または他人に候補者になってもらおうとする者は、それぞれ法令の定める手続きによって届け出なければ候補者となることができない。また、この立候補の届出がなければいっさいの選挙運動をすることができないことになっている（法一一九）。立候補の届出には二つの方法があって、その一つは立候補しようとする本人が届出者である場合と、もう一つは選挙が行われる区域内の選挙人名簿に登録されている者が、他人（本人の同意の上）を候補者にしようとして届け出る場合とである。

前者は本人の届出といい、後者は推薦届出という。両者ともに町村議会議員選挙の期日（投票日）の告示があった日に文書で立候補の届出をしなければならない。この文書は郵便でさし出すことはできない。そしてその届出が受理されたときに、はじめて町村議会議員候補者としての資格ができるわけである。しかし、この届出事項について不備がある場合、たとえば添付書類がないとか、足りない場合などにおいては、届出は受理されないことがあるから、事前に十分注意し確認しておかなければならない。なお、通常、選挙管理委員会は立候補届出の方法を含めて、各種の届出方法、選挙運動の留意すべき事項などについて事前に説明会および予備的審査を開催することが多いので、この点も電話などで確認し、立候補当日あわてないようにしなければならない。

Q　町村長選挙と町村議会議員選挙との両方に同時に立候補してよいか。

A　できない。法八七条によって重複立候補は禁止されている。

Q　町村議会議員選挙の候補者になるために、どのような資格がきめられているか。

A　(1)　町村議会の議員には、原則としてその町村の選挙権を持つ満二五歳以上（選挙当日の計算で）の日本国民であれば、誰でも立候補することができる。

逆のいい方をすれば、その町村に引き続き三か月以上住所を有する者でなければならず、たとえば事業の中心が住所のあるA町とは別のB町であったとしてもB町の議員には立候補できないし、一八歳以上で選挙権はあっても二五歳未満は立候補できない。また二五歳以上でも、①禁錮以上の刑に処せられその執行を終わるまでの者、②禁錮以上の刑に処せられその執行を受けることがなくなるまでの者（刑の執行猶予中の者を除く）、③公職にある間に犯した収賄罪および公職者あっせん利得罪により刑に処せられた者は、実刑期間とその後の五年間（刑の執行猶予の言渡しを受けた者については、その裁判が確定した日から刑の執行を受けることがなくなるまでの間）、④法律で定めるところにより行われる選挙、投票および国民審査に関する犯罪により禁錮以上の刑に処せられその刑の執行猶予中の者、⑤選挙犯罪に因る処刑者に対する選挙権および被選挙権の停止の規定（法二五二、くわしくは第6章で記述）によって被選挙権がない者、⑥政治資金規正法違反による処刑者に対する選挙権および被選挙権の停止の規定で被選挙権がない者――は立候補できない。

また、連座の効果として同じ選挙で同じ選挙区での立候補が禁止されている者は立候補できない。

（選挙事務関係者）

(2)　**選挙事務関係者**は候補者になれない。「選挙事務関係者」というのは、投票管理者、開票管理者、選挙長であって、これらの者はその職にある間その職務に関係のある投票区、開票区または選挙区内で、関係ある選挙の立候補者となることはできない。しかし、他の区域では立候補してもかまわない。ただし、船長、病院長などの不在者投票管理者は、立候補制限は受けていない（法八八）。

（公務員等）

(3)　国もしくは地方公共団体の**公務員**または**行政執行法人**、もしくは**特定地方独立行政法人の役職員**（以下この事項中「公務員等」という。）は、原則として、現職のまま候補者となることができない。これらの公務員等が立候補の届出をしたら、同時に何らの手続きもいらずに、

Q　公務員であればすべて立候補できないか。

公務員等の方を自然退職したものとみなされる。立候補届出後に、選挙事務関係者または右の立候補制限を受けている公務員等になった場合は、候補者としての資格を失う（法八九から九一まで）。

なお、町村の議員は在職のまま任期満了によるその町村の議員の選挙の候補者となることができるし、また、立候補したからといって、議員という職に伴って兼ねている公務員（たとえば議会選出の農業近代化推進協議会委員）たる地位には影響はない。すなわち、立候補によって委員を自然退職したものとなることはない。

以上並べた制限にかかわりのない者で、届出書の記載要件、添付書類にも不備がなく、その届出が受理されれば、はじめて候補者となり、公然と選挙運動が開始できることとなるわけである。

A　特に法律で許されている公務員等は、現職のままで立候補できる。それは次に列記する職の者に限られる（法八九①、令九〇）。

(1)　内閣総理大臣その他の国務大臣、内閣官房副長官、内閣総理大臣補佐官、副大臣、大臣政務官および大臣補佐官

(2)　いわゆる単純労務に従事する地方公務員

(3)　予備自衛官および即応予備自衛官、予備自衛官補

(4)　臨時または非常勤の国家公務員もしくは地方公務員または行政執行法人、もしくは特定地方独立行政法人の役職員で次に掲げる者

①　委員長および委員の名称を有する職にある者で、次に掲げる者以

Q　町村と請負関係にある者は立候補できないか。

外の者
(イ)教育委員会委員　(ロ)選挙管理委員会委員　(ハ)監査委員　(ニ)人事委員会委員　(ホ)公平委員会委員　(ヘ)都道府県労働委員会委員　(ト)収用委員会委員　(チ)農業委員会委員（市町村の議会の議員および長の選挙以外の公職の選挙の場合に限る）　(リ)その他公選法施行令別表二に掲げる者
②　顧問、参与、会長、副会長、会員、評議員、専門調査員、審査員、報告員および観測員の名称を有する職にある者ならびに統計調査員、仲介員、保護司および参与員の職にある者
③　①、②に該当する者以外の地方公共団体または特定地方独立行政法人の嘱託員
(5)　非常勤の消防団員および水防団員（長を含む）
(6)　地方公営企業に従事する職員又は特定地方独立行政法人の職員（ただし、課長または課長以上の職に相当する主たる事務所における職員は除く）
(7)　地方公共団体の組合の議会の議員または管理者（その組合を組織する地方公共団体の議会の議員の選挙の場合に限る）

A　立候補は差し支えないが、議員としては地方自治法九二条の二の規定によって、その町村との間に請負などの兼業が禁止されているから、これに該当する立候補者が当選したときは、当選告知の日から五日以内に

これをやめて（会社組織で社長や重役であればその職を辞する）、関係を有しなくなった旨の届出をしないと、当選を失うことになる。そこで、この関係がわかるように現在請負関係にある者は、立候補の届出書にそのことを記載しておかねばならない。

2　立候補の届出

Q　立候補の届出書はどのように書けばよいか。

A　(1)　本人の届出の様式は、次のように定められている（規則一二の七）。

候補者の届出書

何選挙候補者届出書（本人届出）

候補者	氏《ふり》名《がな》	性別
本籍	都（何道府県）何郡（市）何町（村）字何（町）何番地	
住所	都（何道府県）何郡（市）何町（村）字何（町）何番地	
生年月日	何年何月何日（満何歳）	
党派	何々	職業　何々
一のウェブサイト等のアドレス		
選挙	平成何年何月何日執行　何選挙	
添附書類	一　供託証明書 二　宣誓書 三　所属党派証明書 四　戸籍の謄本又は抄本	

右のとおり関係書類を添えて立候補の届出をします。

何年何月何日

氏　　名　㊞

何選挙長　氏　名　あて

(2)　推薦届出の様式は、次のとおりである。

何選挙候補者届出書（推薦届出）

候補者	氏《ふり》名《がな》	性別	
本籍	都（何道府県）何郡（市）何町（村）字何（町）何番地		
住所	都（何道府県）何郡（市）何町（村）字何（町）何番地		
生年月日	何年何月何日（満何歳）		
党派	何々	職業	何々
ウェブサイト等のアドレス			
選挙	平成何年何月何日執行　何選挙		
添附書類	一　候補者の承諾書 二　選挙人名簿登録証明書 三　供託証明書 四　宣誓書 五　所属党派証明書 六　戸籍の謄本又は抄本		

右のとおり推薦届出をします。

何年何月何日

推薦届出者　住所　都（何道府県）何郡（市）何町（村）字何（町）何番地
氏　名　㊞
何年何月何日生

推薦届出者　住所　都（何道府県）何郡（市）何町（村）字何（町）何番地
氏　名　㊞
何年何月何日生

何選挙長　氏　名　あて

右の候補者届出書、推薦届出書の記載に際しては、次のような事項に注意しなければならない。

(イ)「氏名」は必ず戸籍簿に記載されている氏名を楷書で明確に書くこと。したがって、通称や筆名などで届け出ることはできない。もし、一定の選挙運動手段において通称を使用したいときは、後で述べる通称使用の申請をし認定を受けなければならない。

(ロ) 本籍、住所、生年月日は、被選挙権の有無を判定するため必要であるから、正確に記載すること。

(ハ) 所属党派を表明して立候補する場合は、党派名は、現在非常に多くの政党または政治団体があるため、略称を用いることはさけ、立候補届出書に添付される所属党派証明書を発行した政党または政治団体（正式に登録されているものに限る。単なる親ぼくを目的としたものは含まれない）名と同じ正式の党派名を正確に記載すること。

また、所属政党や政治団体が二つ以上ある場合は、そのうちのどれか一つに限り、二つ以上を記載することはできない。もし、いずれの党派にも所属していないときは、この欄には「無所属」と記載する。

(ニ) 所属する政党や政治団体の名称が字数二〇字を超える場合は、その正式の名称のほかに、二〇字以内の略称を「（略称何々）」と記載しなければならない。

(ホ) 職業はできる限りくわしく書くこと。

Q　立候補の届出書にはどんな添付書類がいるか。

（宣誓書）

なお、兼職を禁止されている職にある者についてはその職名を、地方自治法九二条の二または一四二条に規定する当該地方公共団体と請負関係にある者についてはその旨を記載しなければならない。

(ヘ)　推薦届出書に記載する推薦届出者は、一人以上何人でも差し支えないが、推薦届出人となるためには、選挙の行われる区域内の選挙人名簿に登録されていることが必要である。

A　一応必要な添付書類をならべてみると、(イ)宣誓書　(ロ)供託証明書（令和二年一二月一二日以後その期日を告示される町村議会議員選挙）(ハ)戸籍謄本または抄本　(ニ)所属党派証明書　(ホ)候補者推薦届出承諾書　(ヘ)選挙人名簿登録証明書　(ト)通称認定申請書である。以上(ニ)から(ト)までは、それぞれ必要のある者のみが添付しなければならない書類であるから、通称を使用するつもりがなく、いずれの党派にも所属せず、本人が立候補の届出をする場合には(イ)から(ハ)まで以外の添付書類はいらないわけである。ただし、推薦届出の場合には(ホ)(ヘ)が必要となる（規則一二の七）。

(イ)　**宣　誓　書**

選挙期日において住所要件を満たさない者は被選挙権を有さず、一の選挙で候補者となった者は同時に他の選挙の候補者となることができず、また、犯罪により被選挙権を喪失または停止されている者等は候補者となることができないことになっているから、立候補届出にあたって

宣誓書

は、本人の届出、推薦届出を問わずすべて右に該当しない旨の宣誓書を添付することが必要である。

その様式は次のとおりである。

> 宣　誓　書
>
> 私は、何年何月何日執行の何選挙の期日において公職選挙法第九条第二項に規定する住所に関する要件を満たす者であると見込まれること及び同法第八十六条の八（被選挙権のない者等の立候補の禁止）第一項、第八十七条（重複立候補等の禁止）第一項、第二百五十一条の二（総括主宰者、出納責任者等の選挙犯罪による公職の候補者等であった者の当選無効及び立候補の禁止）又は第二百五十一条の三（組織的選挙運動管理者等の選挙犯罪による公職の候補者等であった者の当選無効及び立候補の禁止）の規定により同選挙の何選挙区（同選挙）において候補者となることができない者でないことを誓います。
>
> 何年何月何日
>
> 都（何道府県）何郡（市）何町（村）字何（町）何番地
>
> 氏　名　㊞

宣誓書に記載する氏名は、戸籍簿に記載された氏名である。

（供託証明書）

(ロ)　**供託証明書**

候補者の届出をしようとするものは、候補者一人につき十五万円またはこれに相当する額面の国債証書を供託しなければならないことになっているから、立候補にあたっては、当該供託をしたことを証明する書面（候補者となるべき者の本名（戸籍簿に記載された氏名）が記載されたものに限る。）を添付することが必要である。推薦届出の場合でも、当該書面には、候補者の本名（戸籍簿に記載された氏名）を記載していなければならないことに注意を要する。

供託書正本

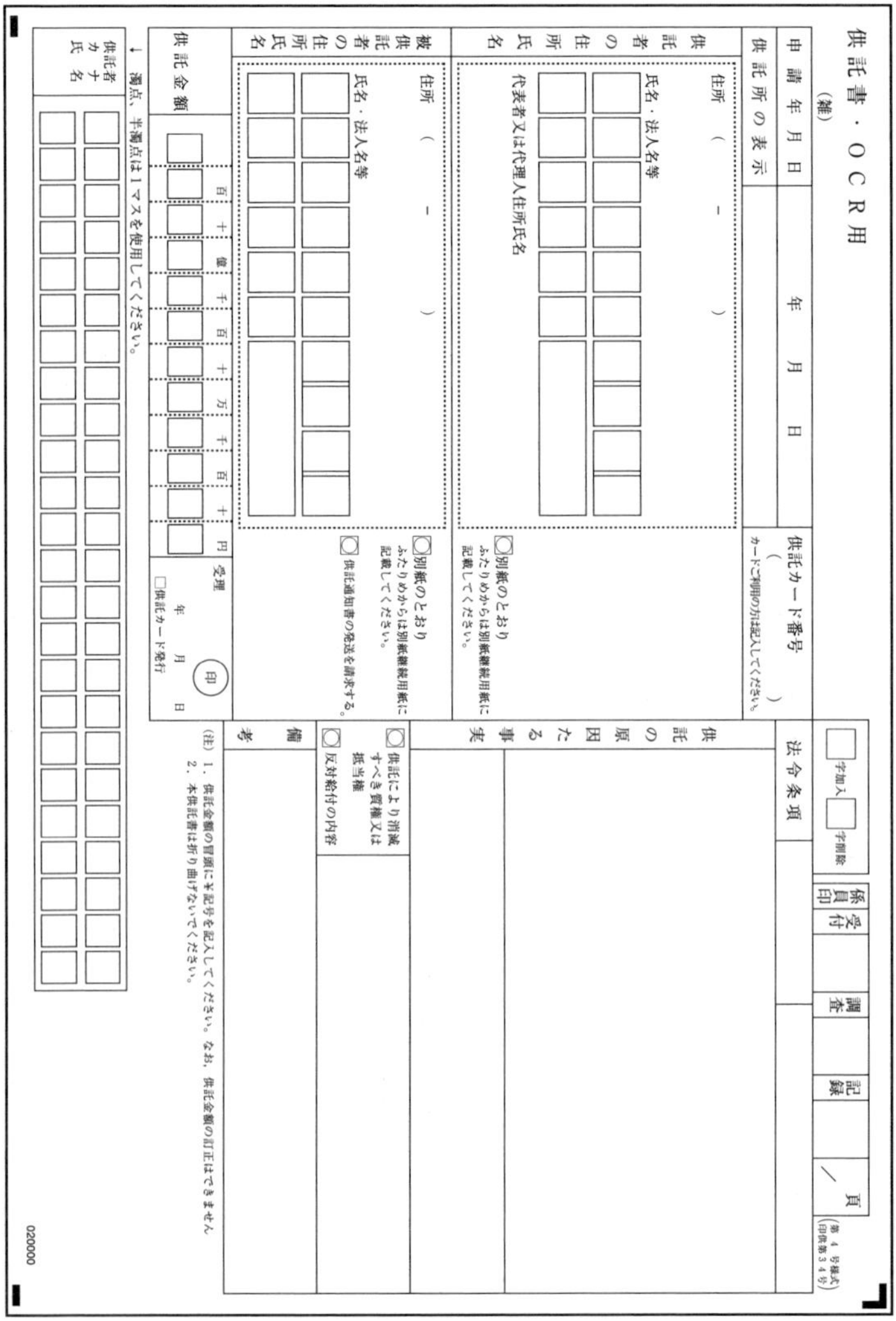
供託書・ＯＣＲ用
（雑）
申請年月日　年　月　日
供託所の表示
供託カード番号
（　）
カードご利用の方は記入してください。
供託者の住所氏名
住所（　－　）
氏名・法人名等
代表者又は代理人住所氏名
別紙のとおり
ふたりめからは別紙継続用紙に記載してください。
被供託者の住所氏名
住所（　－　）
氏名・法人名等
別紙のとおり
ふたりめからは別紙継続用紙に記載してください。
供託通知書の発送を請求する。
供託金額　百　十　億　千　百　十　万　千　百　十　円
受理　年　月　日　印
□供託カード発行
↓濁点、半濁点は１マスを使用してください。
供託者カナ氏名
字加入　字削除
係員印　受付　調査　記録　頁
（第４号様式）（印紙第３４号）
法令条項
供託の原因たる事実
供託により消滅すべき質権又は抵当権
反対給付の内容
備考
（注）１．供託金額の冒頭に¥記号を記入してください。なお、供託金額の訂正はできません。
２．本供託書は折り曲げないでください。
020000

所属党派証明書

(ハ) 戸籍謄本または抄本

これは立候補届出書などに書かれている氏名、本籍、生年月日などが間違っていないかどうかを確認するため添付するもので、謄本でも抄本でもどちらでも差し支えないが、なるべく最近のものであることが必要である。これを住民票などで代用することはできないから、前もって本籍地の市町村役場から取り寄せておかなければならない。

(ニ) 所属党派証明書

これは候補者の届出書または推薦届出書に記載されている所属党派が間違いないことを、その属する政党または政治団体で証明するものである。したがって、立候補届出書に記載する政党または政治団体名は、この所属党派証明書の添付があるものに限られることになる。無所属の候補者についてはこの証明書がいらないことは当然である。様式は次のとおりである。

所 属 党 派 証 明 書

氏　名

住　所　都（何道府県）何郡（市）何町（村）字何（町）何番地

右の者は、本政党（政治団体）に所属する者であることを証明する。

何年何月何日

政党（支部）（政治団体名）

代表者（支部長、責任者）　氏　名　㊞

（候補者推薦届出承諾書）

(ホ)　候補者推薦届出承諾書

推薦届出の場合には、必ず添付することが必要である。その様式は次のとおりである。

候補者推薦届出承諾書

> 候補者推薦届出承諾書
>
> 何年何月何日執行の何選挙における候補者となることを承諾します。
>
> 何年何月何日
>
> 都（何道府県）何郡（市）何町（村）字何（町）何番地
>
> 氏　　　名　㊞
>
> 推薦届出者　氏　　　名　あて

あて名は推薦届出者が二人以上いる場合にはその全員あてにしなければならない。

（選挙人名簿登録証明書）

(ヘ)　選挙人名簿登録証明書

推薦届出者が選挙人名簿に登録されている者であることを当該町村選挙管理委員会の委員長が証明した証明書である。推薦届出者が二人以上いる場合は、全員それぞれについて添付する必要がある。

選挙人名簿登録証明書

選挙人名簿登録証明書

氏　　名

住所　都（何道府県）何郡（市）何町（村）字何（町）何番地

右の者は、本町（村）において何年何月何日現在における選挙人名簿に登録されていることを証明する。

何年何月何日

都（何道府県）何郡（市）何町（村）

選挙管理委員会委員長　氏　　名　㊞

Q　本名よりも通称のほうがよく知られているときはどうしたらいいか。また、本名の文字がむずかしいので、かな書きにしたいときはどうか。

A　戸籍簿に記載された文字による氏名が本名であり、立候補届出書などにはその記載された文字のとおり書かなければならないのであるが、その氏名に用いられている漢字のうち常用漢字表、および人名用漢字別表などに掲げられている文字に対応する文字に更正できるものがあるときは、常用漢字などで書くことは差し支えないものとされている。しかし、右の本名以外の呼称で本名に代わるものとしてひろく通用しているもの（これを通称という。したがって屋号や愛称などは、氏名に代わるものではないから、ここでいう通称ではない）があり、また本名の漢字が常用漢字にないむずかしい文字であるので、かな書きにしたいときなどは、選挙長に申請して認定を受けなければならない。通称の認定を受けたときは、次の場合に、氏名を記載すべき個所にその呼称を記載されまたは使用されることとなる。

(1)　立候補届出の告示

(2)　新聞広告
(3)　投票所内の投票記載場所等にする氏名等の掲示
(4)　選挙公報を発行する町村にあっては選挙公報

なお、右の(1)から(4)までに掲げるもの以外のもの、たとえば、選挙運動ポスターや立札・看板等に通称を記載するかどうかは、候補者の自由である。

通称認定申請の方法は、次のとおりである。

(かな書きしたいとき)

(常用漢字にないむずかしい文字をその読みにしたがって**かな書きにしたいとき**)

通称認定申請書に必要事項を記載して選挙長に申請する。通称認定申請書の様式は次のとおりである。

通称認定申請書

通称認定申請書

候補者　氏名《ふりがな》

呼称　何々《ふりがな》

何年何月何日執行の何選挙において、公職選挙法施行令第八十九条第五項において準用する第八十八条第八項の規定により右の呼称を通称として認定されたく申請します。

何年何月何日

都(何道府県)何郡(市)何町(村)字何(町)何番地

氏　名　㊞

何選挙長　氏　名　あて

（別の文字を使いたいとき）

（通称を使いたいとき）

（通称認定申請の時期）

（戸籍簿に記載された文字以外の文字を使いたいとき）

たとえば、常用漢字にない漢字をその読みにしたがって常用漢字にあてて使用したいときなども右と同じように申請して選挙長の認定を受けなければならない。

（通称を使いたいとき）

本名以外の呼称があり、それが本名のかわりにひろく通用している呼称であるとき、その呼称を前頁の(1)から(4)までの事項につき記載され、または使用されることを希望する場合は選挙長に申請してその認定を受けなければならない。

この場合には、通称認定申請書のほか、あわせてその呼称が戸籍上の氏名に代わるものとしてひろく通用していることを説明し、かつそのことを証するに足りる資料を提出しなければならない。ただし、旧姓を通称認定申請する場合は、戸籍謄本（抄本）により確認できるためこれらの資料は必要ない。

（通称認定申請の時期）

通称認定申請は、立候補届出書を提出するとき、これに添付して提出しなければならない。それ以後提出しても受理されないから注意を要する。

通称認定申請書に対し、選挙長が認定を拒否したときは、前々頁の(1)から(4)までの事項については通称を使用できない。

認定書

選挙長が申請書に対し認定したときは、次の様式による**認定書**が候補者に交付される。

認　定　書

何年何月何日公職選挙法施行令第八十九条第五項において準用する第八十八条第八項の規定により申請のあつた通称のことについては、次の呼称は、通称として認定する。

候補者　氏　名《ふりがな》

呼　称　何　々《ふりがな》

何年何月何日

何選挙長　氏　名　㊞

候補者の氏名　あて

Q 届出はどこにすればよいか。

A 立候補の届出は、選挙長に対してすべきであって、選挙管理委員会の委員長あてに行うものではない。しかし、実際の受付の窓口は、選挙管理委員会の事務局である。

選挙長の住所、氏名は、選挙期日の告示と同時に町村の選挙管理委員会で告示するが、立候補の届出を選挙長の自宅に持参しても受理されない。

届出の際には、立候補届に押印した印鑑を持参すること。届出が受理されると、選挙運動に必要な物品や証明書などが渡されるので、この受領印とするほか、届の不備の訂正などに必ずいる。忘れると届出が遅れることにもなりかねないので注意を要する。

Q 立候補の届出の期間はいつまで

A 立候補の届出は、候補者自身が届け出る場合であろうと、推薦届出の

か。

場合であろうと、選挙期日の告示があった日にしなければならない。ただ、例外として補充立候補の認められる場合には、届出の期間が延長される（後述）。

また、届出の受付時間は、午前八時三〇分から午後五時までであるが、日曜日、祝日でも差し支えない。

Q　補充立候補とはどういうことか。

A　補充立候補の届出とは、立候補の届出期間中に届出のあった候補者が、その選挙における議員定数を超える場合で、立候補の届出期日の経過後、いずれかの候補者が死亡したり、公職の候補者たることを辞退したものとみなされたときに、町村議会議員の場合はその選挙期日前二日までに、補充として立候補の追加届出が認められる。この追加届出のことを補充立候補の届出という（法八六の四⑤）。

なお、条例により、電磁的記録式投票を行う選挙にあっては、選挙期日前三日までに補充立候補の届出をしなければならない。

立候補の届出後の候補者の死亡や立候補の辞退については、直ちに選挙長が告示することになっている。

Q　立候補を辞退するときはどんな届がいるか。

A　候補者がいったん立候補した後、都合で立候補を辞退する場合には、選挙長に文書をもって、辞退の届出をしなければならないことになっている（規則一二の七③）。

立候補の辞退届出は、選挙期日の告示の日一日間に限り認められ、その後は辞退できない。この届出時間も、他の届出と同様に、午前八時三

辞退届

〇分から午後五時までに限られている（法八六の四⑩）。

辞退届の様式は、次のとおりである。

何選挙候補者辞退届出書

候補者　氏　名

事　由　何

右のとおり何年何月何日執行の何選挙において候補者たることを辞する旨の届出をします。

何年何月何日

何選挙候補者　氏　名　㊞

選挙長　氏　名　あて

3　候補者に交付される物品、証明書等およびその他の届出

Q　届出が受理された候補者に交付されるものにはどんなものがあるか。

A　いわゆる選挙運動の七つ道具が交付されるわけで、町村議会議員選挙の場合は、①選挙運動用自動車、船舶表示板一、②同拡声機表示板一、③街頭演説用標旗一、④自動車、船舶乗車船用腕章四、⑤街頭演説用腕章一一、⑥選挙運動用通常葉書使用証明書一、⑦選挙運動用通常葉書差出票（各選挙管理委員会が定める数）、⑧新聞広告掲載証明書二――が交付される。紛失しても原則として再交付されないので受け取る際に必ず確認する必要があろう。

Q　知事選挙で必要な選挙事務所の標札は、町村議会議員選挙では必要ないのか。

A　選挙事務所の設置は、選挙管理委員会に届け出なければならないが、標札は国政選挙と知事選挙以外は掲げる必要はない。

Q　選挙事務所の届出などはいつすればよいか。

A　候補者となれば、すぐ選挙運動ができるようにするため、立候補の届出と同時に行うほうがよい。このように立候補と同時にしたほうがよい届出には、次のようなものがある。

(1)　**選挙事務所の設置届**　選挙事務所は、候補者または推薦届出者でなければ設置することができない（法一三〇①Ⅳ）。

(2)　**出納責任者の選任届**　この届出を出さない限り、寄附を受けたり選挙運動費を支出することができない。それを犯した場合は処罰される

Q　その他の届にはどんなものがあるか、それはいつ出せばよいか。

（法一八〇・一八四）。

(3)　報酬を支給する**選挙運動事務員、車上等運動員、手話通訳者および要約筆記者の届出**　町村議会議員選挙の場合は一日につき七人（延べ員数は三五人）の範囲内で、選挙運動事務員、選挙運動用自動車上の選挙運動員（ウグイス嬢）、手話通訳者および要約筆記者に報酬を支給できるが、この者については使用する前に文書で選挙管理委員会に届け出なければならない（法一九七の二、令一二九③Ⅶ、⑧）。

A　立候補届出書が受理されれば、開票、選挙会の事務の立会いを希望する候補者は、次の書類を提出しなければならない（法六二・七六）。

(1)　開票立会人となるべき者の届出書

(2)　選挙立会人となるべき者の届出書

開票立会人、選挙立会人は、ともに、投票の効力の判定や各候補者の得票の集計などの選挙事務が公正に執行されるよう、各候補の利益代表的な役割をするものであるから、この届出は必ず行うべきである。

開票立会人は、当該町村の選挙人名簿に登録されている者の中から一人、また選挙立会人は、町村議会議員選挙の選挙権を有する者（ただし、開票の事務を選挙会の事務に併せて行う場合には、当該町村の選挙人名簿に登録された者）の中から一人を、本人の承諾を得て、選挙の期日の前三日までに、候補者から、いずれも町村の選挙管理委員会（選挙立会人の届出のあて名は選挙長）に、次の様式の文書をもって届け出なければならない。この場合、必ず本人の承諾書が必要である。

開票立会人の届出書

開票（選挙）立会人となるべき者の届出書

立会人となるべき者

住所　都（何道府県）何郡何町（村）字何（町）何番地

氏　名

何年何月何日生

選挙　何年何月何日執行　何選挙

立会いすべき開票区（選挙区）　何開票区（選挙区）

右のとおり本人の承諾を得て届出をします。

何年何月何日

何選挙候補者（党派何々）　氏　名　㊞

選挙管理委員会委員長（選挙長）　氏　名　あて

開票立会人承諾書

承　諾　書

何年何月何日執行の何選挙における開票（選挙）立会人となるべきことを承諾します。

何年何月何日

都（何道府県）何郡何町（村）字何（町）何番地

氏　名　㊞

候補者　氏　名　あて

Q　届け出た開票立会人、選挙立会人はそのまま立会人となることができるのか。

A　開票立会人は開票区ごとに、選挙立会人は町村ごとにそれぞれ三人以上一〇人以下と決められている。このため候補者から届出のあった者が一〇人を超える場合はくじで一〇人を決める。さらに同じ政党、政治団体などに所属する候補者から届出のあった者は三人以上立会人になることはできないことになっているので、くじで決まった一〇人の中に同一政党などに所属する候補者から届出があった者が三人以上いる場合は、くじでそのうち二人が立会人と定められる（法六二）。

なお、町村議員の選挙が他の選挙と同じ日に行われる場合は、同一人をそれぞれ両方の選挙の開票（選挙）立会人として届け出ることはできないので注意を要する。しかし、同一人を二人以上の候補者が重複して届け出ることは差し支えない。

第3章――選挙運動

1　選挙運動のあらまし

Q　選挙運動はいつからできるか。

A　立候補の届出がすんだときからである。したがって、選挙期日の告示があっても、立候補の届出がすんでいなければ、選挙運動をすることはできない（法一二九）。

Q　選挙運動はいつまでできるか。

A　原則として投票日の前日までである。ただし、投票日当日でも、選挙運動用ポスターをそのまま掲示しておくこと、投票所を設けた場所の入口から三〇〇メートル以上離れた区域に選挙事務所を設置し、それを表示するためのポスター、立札、ちょうちんおよび看板の類（適法なもの）を掲示しておくこと、選挙期日の前日までに、ウェブサイト等を利用する方法により頒布された文書図画を選挙期日当日でも削除せず、受信者の通信端末の映像面に表示させることができる状態に置いたままにすることは許されている（法一三二、一四二の三②、一四三⑤・⑥）。

しかし、選挙運動用ポスターの貼り替えやウェブサイト等の更新がで

Q　どんな選挙運動が許されるか。

A　選挙期日の告示があり、立候補の届出をすませると同時に、いよいよ選挙運動が開始されるが、立候補する以上はあくまで当選が目的である。だからといって当選するためにはどんな運動を行ってもよいかというと、そうではない。スポーツにルールがあるように選挙にも一定のルールがあり、選挙運動に従事する者はこのルールを守って、公明正大でなければならない。ここに明るく正しい選挙が要望されるゆえんである。

Q　許された選挙運動には、どんな方法があるか。

A　許されている方法は、おおよそ次のようなものである。

(1)　文書図画によるもの
通常葉書・ビラ・インターネット等・ポスター・立札・ちょうちん・看板・新聞広告

(2)　言論によるもの
個人演説会・街頭演説・幕間演説

(3)　その他

きるのは、投票日の前日までであるから、注意を要する。

どんな方法が許され、どんな方法が禁止されているかは、公選法で選挙運動について、言論、文書による二つの運動方法を中心として、さまざまな規定が定められている。

その詳細は、以下の各質問で答えることとするが、この禁止規定に違反する選挙運動が処罰されることは、もちろんである。

電話を利用する運動・個々面接（戸別訪問とは違う）

これらについても、いろいろな制限があり自由勝手な方法で行うことは許されない。

Q　町村議会議員選挙において、選挙公営はどんなものがあるか。

A　(イ)　個人演説会のための公営施設の無料使用（同一施設一回限り）（法一六四）

(ロ)　投票所内における候補者の氏名などの掲示（法一七五）

(ハ)　選挙運動用通常葉書の無料郵送（法一四二⑤）

(ニ)　選挙公報の発行（法一七二の二）

(ホ)　ポスター掲示場の設置（法一四四の二⑧、一四四の四）

(ヘ)　選挙運動用自動車の使用（法一四一⑧）

(ト)　選挙運動用ビラの作成（法一四二⑪）

(チ)　選挙運動用ポスターの作成（法一四三⑮）

である。(ニ)(ホ)については、条例で定めることにより、その町村の任意でできることになっている。また、(ヘ)から(チ)については、条例で定めることにより、その町村の任意で一定の額の範囲において無料とすることができることになっているが、供託物没収者については除外される。

Q　候補者の氏名などの掲示とはどんなことか。

A　選挙管理委員会が行う公営の候補者氏名などの掲示とは、投票所内および期日前投票所または不在者投票管理者（町村の選挙管理委員会の委員長に限る）が管理する投票を記載する場所内に候補者名および党派別を掲示することである（法一七五）。

町村の選挙管理委員会は、投票所内へ掲示するものは、選挙当日、投票所内の投票記載場所その他適当な場所に、期日前投票所または不在者投票管理者が管理する投票を記載する場所内へ掲示するものは告示の翌日から選挙の期日の前日までの間、期日前投票所または不在者投票管理者が管理する投票を記載する場所内の適当な箇所に、候補者の氏名と党派別を掲示する。この掲示の掲載順序は、選挙管理委員会がくじで開票区ごとに定めるが、このくじには候補者またはその代理人が立ち会うことができることになっている。

なお、選挙当日の投票所内における氏名などの掲示については、記号式投票の場合には行われない。

Q　選挙運動に関し地方公共団体の負担する経費はどれだけか。

A　地方選挙にあっては、個人演説会のための公営施設の無料使用および投票所内の候補者の氏名などの掲示に要する費用のほか、選挙運動用の自動車（船舶）拡声機の表示、街頭演説の標旗および乗車用四名、街頭演説一五名（実際には乗車用がこれに使用できるから一一名分）の選挙運動従事者の腕章の作成費用などが、選挙運動に関し地方公共団体が負担する費用である。また、任意性の選挙公報の発行、公営ポスター掲示場の設置が行われる場合、または選挙運動用自動車の使用、選挙運動用ビラの作成、選挙運動用ポスターの作成を一定の額の範囲内において無料とする場合には、その費用は地方公共団体の負担となるものである。

Q　選挙公報とはどんなものか。

A　選挙公報とは、候補者の氏名、経歴、政見などを選挙人に周知させる

Q　選挙公報が出される場合、どんな手続きをとればよいか。

ため、公営により文書を発行、選挙人（世帯）に配布する制度である。町村議会議員の選挙では、選挙公報の発行は任意制になっている（法一七二の二）。

しかし多くの場合、発行されていないのが実情のようである。なお任意制になっている選挙公報の発行に関しては、その町村の定める条例によって具体的に決定されるが、おおむね義務制の選挙公報の手続きに準拠して行われることになっている。

A　候補者が選挙公報に掲載文を出そうとするには、その町村の選挙管理委員会へその掲載文を添えて文書で申請しなければならない。申請の期限については、選挙期日の告示のあった後、選挙管理委員会が告示する。写真、図画などの掲載については、各選挙管理委員会によって、それぞれ異なった定め方をしているから、あらかじめ町村の選挙管理委員会に問い合わせておくのが適当である。

掲載の順序は、選挙管理委員会がくじで定めることになっている。この際、候補者またはその代理人が立ち会うことができる。

選挙公報は、町村の選挙管理委員会から、選挙人のいる世帯へ戸別に、または新聞折込みの方法などにより配布される。

2　選挙運動のできる者

Q　選挙運動は誰でもできるか。

（選挙事務関係者）

（特定の公務員）

A　選挙運動は、年齢満一八歳以上の者であれば誰でもできるのが原則であるが、選挙の公正を確保するため、例外として、次のような者は禁止されている。

1　**選挙事務関係者**（法一三五）

投票管理者（不在者投票管理者は除く）、開票管理者、選挙長は、選挙の管理執行上、重要な地位にあるので、選挙の公正を維持するため、在職中はその関係区域内における選挙運動が禁止されている。

また、不在者投票管理者も、不在者投票に関し、その者の業務上の地位を利用して選挙運動をすることは禁止されている。

2　**特定の公務員**（法一三六）

公務執行の厳正を確保するため、特定の職にある公務員は、いっさいの選挙運動が許されない。

①　中央選挙管理会の委員および中央選挙管理会の庶務に従事する総務省の職員、参議院合同選挙区選挙管理委員会の職員ならびに選挙管理委員会の委員および職員

②　裁判官

③　検察官

（一般職の国家・地方公務員）

④　会計検査官
⑤　公安委員会の委員
⑥　警察官
⑦　収税官吏および徴税の吏員

3　一般職に属する国家・地方公務員

国家公務員、地方公務員は、公選法で地位を利用して選挙運動することを禁止されているとともに、国家公務員法、人事院規則、地方公務員法などによって原則として選挙運動を含む政治的行為が禁止されている。これは公務員の職務上からみた影響を考慮して禁止されているわけである。

(1)　一般職の国家公務員は、勤務場所がどんなところであっても大部分の選挙運動は禁止される。ただし、一般職の国家公務員の中でも、顧問・参与・委員・会長・副会長・評議員などで、臨時または非常勤のものは、これから除かれ、選挙運動をすることができる。

(2)　一般職の地方公務員は、一定地域において選挙運動ができないとされている。つまり、町村の職員は、自分の勤務している当該町村の区域内での選挙運動は禁止されるが、それ以外の町村の区域では差し支えない。また、公立（市町村立）学校の教育公務員は、普通の地方公務員とは異なり、他の町村においても選挙運動ができない。

4　選挙権・被選挙権を停止されている者（法一三七の三）

選挙犯罪又は政治資金規正法違反を犯したために処罰され、選挙権・被選挙権を停止されている者は、選挙運動をすることは禁止されている。

なお、選挙犯罪（法一六章）を犯したものは、次の区別に従って選挙権、被選挙権を停止され、したがって、この期間は選挙運動をすることができない。

(1)　選挙犯罪（注の1①〜⑧を除く）を犯し、罰金刑に処せられた者は、その裁判が確定した日から五年間。

ただし、罰金刑で刑の執行猶予を受けた者は、その裁判が確定してから刑の執行を受けることがなくなるまでの間。

(2)　選挙犯罪（注の1⑧を除く）を犯し、禁錮以上の刑に処せられた者は、その裁判が確定した日から刑の執行を終わるまでの間およびその後五年間。

イ　ただし、刑の執行の免除を受けた者（刑の時効による場合を除く）については、その裁判が確定した日から刑の執行の免除を受けるまでの間およびその後五年間。

ロ　刑の執行を受けることができなくなった者（たとえば、執行猶予期間満了・大赦・特赦など）については、その裁判が確定した日から刑の執行を受けることがなくなるまでの間。

なお、法二二一条・二二二条・二二三条および二二三条の二の各条の罪（いずれも買収に関する罪（注の2））について刑に処せられた者で、さらに再びこれらの買収に関する罪について刑に処せられたときは、前記の五年間が一〇年間に延長される。

しかし、裁判所が、情状により選挙権・被選挙権を停止する必要がないと認めたときは、この規定を適用しない旨を宣告し（注の2を除く）、あるいは期間を短くする必要があると認めるときは、これを短縮する旨宣告することができる。この宣告は、刑の言渡しと同時にしなければならないこととされている。

注の1　選挙犯罪

①法二三六の二第二項（選挙人名簿の抄本等の閲覧に係る報告義務違反）
②二四〇（選挙事務所、休憩所等の制限違反）
③二四二（選挙事務所の設置届出及び表示違反）
④二四四（選挙運動に関する各種制限違反、その二）
⑤二四五（選挙期日後のあいさつ行為の制限違反）
⑥二五二の二（推薦団体の選挙運動の規制違反）
⑦二五二の三（政党その他の政治活動を行う団体の政治活動の規制違反）
⑧二五三（選挙人等の偽証罪）

注の2

①法二二一（買収及び利害誘導罪）

Q　公務員などが地位を利用してする選挙運動は、どの程度禁止されているか。

---

②　二二一（多数人買収および多数人利害誘導罪）
③　二二三（公職の候補者および当選人に対する買収及び利害誘導罪）
④　二二三の二（新聞紙、雑誌の不法利用罪）

A　地位を利用して選挙運動をすることを禁止されている公務員などの範囲は非常に広く、次のものが該当する（法一三六の二）。

1　国もしくは地方公共団体の公務員または行政執行法人もしくは特定地方独立行政法人の役員もしくは職員

2　沖縄振興開発金融公庫の役員または職員

ここにいう「地位を利用して」とは、その人が公務員あるいはこれに準ずる地位にあるために、特に選挙運動が効果的に行えるような影響力や便益を利用するという意味であり、職務上の地位と選挙運動などの行為が結びついている場合をいう。

たとえば補助金・交付金などの交付、契約の締結、許可・監査などの職務権限をもつ公務員などが、地方公共団体・外郭団体・請負業者・関係団体・関係者などに対し、その権限に基づく影響力を利用することである。

なお、右にあげた公務員などが、候補者や候補者になろうとする者（公職にある者を含む）を推薦し、支持し、あるいはこれに反対する目的で次の行為をした場合、または候補者、候補者となろうとする者（公職にある者を含む）である右の公務員などが、候補者として推薦され、支持される目的で次の行為をした場合は、その地位を利用して選挙運動を行うものとみなして同じように禁止されている。

(1)　その地位を利用して候補者の推薦に関与したり、関与することを援助すること。

(2)　その地位を利用して投票を周せん勧誘、演説会開催その他の選挙運動の企画に関与し、またその企画の実施について指示や指導をすること。

(3)　その地位を利用して公選法一九九条の五（後援団体に関する寄附等の禁止）第一項に規定する後援団体を結成したり、その結成の準備に関与したり、あるいはその後援団体に加入することを勧誘したり、もしくはこれらの行為を援助すること。

(4)　その地位を利用して新聞その他の刊行物を発行したり、文書図画を掲示・頒布したり、あるいはこれらの行為を援助すること。

(5)　候補者や候補者となろうとする者（公職にある者を含む）を推薦し、支持し、あるいはこれに反対することを申し出たり約束した者に対し、その代償として、職務の執行に際して利益を与えたり、または与えることを約束すること。

右のうち(1)から(4)までの行為については、自分がそういう行為をすることだけでなく、他人にやらせることも禁止されている。

〈行政通達〉

○地方公共団体の公務員の地位利用による選挙運動等の規制について

国又は地方公共団体の公務員の地位利用による選挙運動等の規制については、さきの参議院議員通常選挙に際して連絡したところであるが、本年四月を中心として多数の地方選挙が行なわれることにかんがみ、特に地方公共団体の公務員の地位利用による選挙運動等の規制について周知徹底を期しておられることと考える。

ついては、地方公共団体の公務員のうち特別職にあるものについては、一般職の職員と異り、地方公務員法の適用はなく、人事委員会の委員、教育委員会の委員等特に法令の規定により政治的行為の制限を受ける場合を除いては、公職選挙法における地位利用による選挙運動等の規制のみを受けることとなり、その規制の実態については一般職の職員の場合と自ら異るものあると考えられるので、関係当局とも打合せのうえ、市町村長を例にとって地位利用による選挙運動等の規制の内容及びその具体例を下記のとおりまとめたので、参考にされたい。

記

市町村長の地位利用による選挙運動等の規制について

国又は地方公共団体の公務員のうち一般職の職員の選挙運動については、国家公務員法又は地方公務員法で規制されているのであるが、さらに、公職選挙法においては特別職の公務員を含むすべての国又は地方公共団体の公務員の地位利用による選挙運動等について規制をしている。以下地方公共団体の公務員についての規制の内容及び市町村長についてその具体例を掲げるものとする。

一　規制の内容

1　従来、地方公共団体の公務員は公選による公務員も含めて、すべて地位を利用して「事前運動」をすると、一般の者の事前運動違反より重く罰せられていた（二年以下の禁錮又は三万円（現行三十万円）以下の罰金―一般には一年以下の禁錮又は一万五千円（現行三十万円）以下の罰金）。

2　昨年（昭和三七年）五月の改正により、⑴事前運動のほか、選挙運動期間中の地位利用による選挙運動も同様に罰することとされた。⑵選挙運動の準備行為、政治活動等の名目で行なわれている選挙運動にまぎらわしい行為についても、同様に罰することとされた（第一三六条の二）（第二三九条の二第二項）。

二　「地位を利用して」の意味

「地位を利用して」とは、その地方公共団体の公務員としての地位にあるがために特に選挙運動等を効果的に行ないうるような影響力又は便益を利用する意味であり、職務上の地位と選挙運動等の行為が結びついている場合をいうものである。

三　「地位利用による選挙運動」についての事例

㈠　市町村長が次の行為をする場合には、「地位利用による選挙運動」に該当する。

1　補助金、交付金等の交付、融資のあっせん、物資の払下げ、契約の締結、事業の実施、許可、認可、検査、監督等の職務権限に基づく影響力を利用して、外郭団体、関係団体、請負業者、関係者等（以下「外郭団体等」という。）に対して選挙運動をすること。

2　指揮命令権、人事権、予算権等に基づく影響力を利用して所属職員又は関係のある公務員等（以下「所属職員等」という。）に対して選挙運動をすること。

㈡　市町村長が次の行為をする場合において、一般社会上の儀礼として又は単に社会的地位として、その公的地位の名称を使用することがあっても、直ちに「地位利用による選挙運動」に該当しない。

1　文書図画による選挙運動

(1)　候補者等が差し出す選挙運動用葉書に推薦者として肩書及び氏名を連ねること。

(2)　選挙運動用葉書を使用して肩書を附した氏名をもって候補者の推薦をすること。

(3)　選挙運動用ポスターに推薦者として肩書及び氏名を連ねること。

(4)　選挙運動用ポスター等の掲示責任者として単に氏名を記載すること。

2　言論による選挙運動

(1)　個人演説会において肩書を名のって応援演説をすること。

(2)　街頭演説において肩書を名のって応援演説をすること。

(3)　立会演説会において肩書を名のって代理演説をすること。

(注)　立会演説会に関する規定は、昭和五十八年十一月二十九日法第六十六号により削除

四　「地位利用による選挙運動類似行為」についての事例

(一)　市町村長が、候補者の推薦支持の目的をもって次のような「選挙運動類似行為」をすることは、「地位利用による選挙運動」と同様に禁止される。

1　文書図画による選挙運動類似行為

(1)　当該市町村や外郭団体等の発行する広報紙（誌）を用いて特定候補者のための記事を掲載したり、又はさせること。

(2)　当該市町村の所有し又は管理する橋梁、公営住宅、電柱に選挙運動用ポスターを掲示することを許可するに際して、特定の候補者のみに有利又は不利となるようにすること。

2　言論による選挙運動類似行為

(1) 職務に関係のある団体の会合において特定の者をその団体の推薦候補者とするための演説を行なうこと。

(2) 三の㈠に掲げる影響力を利用して、外郭団体等及び所属職員等をして(1)の行為をさせること。

3 その他の選挙運動類似行為

(1) 三の㈠に掲げる影響力を利用して外郭団体等及び所属職員等の投票の割当（ポスターはり）を指示すること。

(2) 三の㈠に掲げる影響力を利用して外郭団体等及び所属職員等に特定候補者の後援団体に参加することを要請すること。

(3) 特定候補者の支持の申出を受けたとき補助金を増額交付すること。

㈡ 市町村長が単に次の行為をするだけでは、㈠の禁止行為に該当しない。

(1) 後援団体の結成に関与し、その役員となること。

(2) 後援団体の会員の加入勧誘をすること。

(3) 選挙運動用自動車又は船舶に同乗すること。

(4) 公舎でない自宅を選挙事務所や個人演説会場に提供すること。

（昭三八・二・一四自治内選発三　各都道府県選挙管理委員会委員長あて　選挙局長通知）

Q 推薦状の推薦人として、また演説会の応援弁士として県知事、市町村長がその職名を記載したり、名のったりすることはできるか。

A 推薦状に単に職名を通常の方法で記載したり、また演説会で単に職名を名のることは直ちに地位利用とはならないが、もっぱらその県市町村に関係する者を対象として行うときには該当することもある。一般社交上の儀礼として地位を記載するとか名のるとかいう場合にはこれに該当

しないし、また単に社会的地位の高さや名声を示すために公的地位の名称を使うことがあっても、地位利用とはいえない。

〈行政判例〉

○地位利用の範囲

公職選挙法第一三六条の二第一項第一号違反の罪は、公務員がその管掌する職務を通じ選挙運動の対象者と密接な関連を有し、相手に対し利益又は不利益な影響を及ぼしうる状況にあることから、これを利用して有利かつ効果的な選挙運動をすることを指称し、当該公務員は固有の職務権限として処分その他の意思決定をなしうる者に限定されず、その処分権限ある上司に対し関係業務について立案、計画に参与し、意見を具申する等の方法によって密接、重要な関係において補佐する立場にある者がその職務上の地位を利用してなす場合もこれに包含される。（昭四二・五・二三　福岡高裁判決）

Q　私立学校の教員なら選挙運動をしても差し支えないか。

A　私立学校の教員については、公立学校の教育公務員と異なり禁止規定がないから、公職選挙法上許されている方法により選挙運動を行うことは差し支えない。しかし、「教育者」たる地位を利用して選挙運動を行うことはできないことになっている（法一三七）。

この「教育者」とは、学校教育法に規定する学校（小学校・中学校・義務教育学校・高等学校・中等教育学校・大学・高等専門学校・特別支援学校（盲学校・聾学校・養護学校）・幼稚園）及び就学前の子どもに関する教育、保育等の総合的な提供の推進に関する法律に規定する幼保連携型認定こども園の長と教員をいい、公立・私立の区別を問わない。

また、洋裁学校・ソロバン学校など各種学校の校長・教員はこの場合の教育者には含まれない。また、各種学校の事務員・ＰＴＡの役員・学校経営者なども含まれず、また、退職教育者も含まれない。

　これらの教育者がその地位を利用し、児童・生徒・学生あるいはそれらの父兄に対して選挙運動を行った場合、違反となるが、この意味は教育者が生徒や学生などを直接選挙運動に使用し、あるいはこれらの者に働きかけ、あるいはこれらの者を通して保護者に働きかけ、もしくは直接保護者に働きかけるなどの場合が含まれる。したがって、町村立学校の教員がその地位を利用して選挙運動を行った場合は、前に述べた禁止規定と、この教育者の地位利用による禁止規定と両方にふれるということになるわけで、私立学校の教員の場合は、後の禁止規定にふれるということになる。

Q　教育者が、自分の勤務する学校の校区内で選挙演説を行う場合は地位利用となるか。

A　単にそれだけでは「地位利用の選挙運動」とは認められないが、それが地位利用となるかどうかは、さらに演説の内容、方法など、具体的な態様、たとえば受持ち児童を使ってその父兄を呼び集めるといったことなどによって判断される。

Q　教育者が、選挙用の葉書に自分の氏名を記載した候補者推薦状を自分の学校の生徒や保護者に差し出すことは、差し支えないか。

A　おもに生徒や保護者を頒布の対象とする場合は、地位を利用する意思ありと認められ違反となる場合が多いが、一般選挙人に対し差し出したうち、たまたま保護者にも配布されたようなときは、地位を利用する意思を持っていると認められない限り、違反とならない。

Q　学校の校長がＰＴＡの会長に投票の取りまとめを依頼し、会長が児童・生徒の保護者に投票を依頼する行為は違反か。

A　(1)　ＰＴＡの会長に投票取りまとめを依頼する行為は違反となる。
(2)　依頼を受けたＰＴＡの会長が児童・生徒の保護者に対し投票を依頼した場合、学校長が会長に依頼した内容などによって学校長との共犯関係が認められれば違反となる。

Q　退職した教育者が元の教え子を選挙運動に使うことは地位の利用となるか。

A　一般的にそれだけでは、地位利用とはならない。

＜**行政判例**＞

○家庭訪問の機会における選挙運動

〔公選〕法第一三七条にいう「教育者は、学校の児童、生徒及び学生に対する教育上の地位を利用して選挙運動をする」とは、教育者が、教育者たる地位に伴なう影響力を利用して選挙運動をすることをいい、教育者が、教育上の活動として自己の担任する児童等の父兄を家庭訪問した機会に、右父兄に対し、児童等の担任者たる関係において、児童の教育上の問題に合わせて選挙運動をする場合をも包含するものと解する。（昭四五・一・二八　東京高裁判決）

＜**行政判例**＞

○教育者の地位利用の選挙運動の成否

教育者が担任の生徒の父兄に働きかける場合に、その働きかけを地位利用の選挙運動といい得るためには、「父兄に対しその生徒のことでなんらかの利益又は不利益な影響を及ぼし得る地位にあるのを幸いに、その影響力を利用して選挙の公正と自由を阻害するおそれのある選挙運動」でなければならない。（昭五〇・五・二七　福岡高裁判決）

Q　年齢満一八歳未満の者および年齢満一八歳未満の者使用の選挙運動はどうか。

A　年齢満一八歳未満の者は、選挙運動をすることが禁止されている。たとえ候補者の子どもであっても同様である。ただし、禁じられているのは「選挙運動」であって、選挙運動のために機械的労務を提供することは差し支えない。たとえば選挙事務所で文書を発送したり、受け取ったり、あるいは湯茶の接待にあたるとか、看板の運搬に従事するとかは選挙運動ではない。

しかし、街頭演説を行ったり、個人演説会で弁士として演説するなど、直接選挙人に働きかける行為は違反になる。

Q　街頭演説および連呼行為に使用する自動車の助手に年齢満一八歳未満の者を使用することは差し支えないか。

A　差し支えない。

Q　候補者が年齢満一八歳未満の者の自分の子どもに選挙運動をさせることはできないか。

A　年齢満一八歳未満の者である限り、候補者の子どもでも、選挙運動をしたり、させたりすることは禁止されている。しかし、文書の発送とかお茶の接待など、単純な労務ならばかまわない。

Q　農協、労働組合などの組織が組合活動として年齢満一八歳未満の者を使用して選挙運動をさせた場合はどうか。

A　たとえその組織に入っていても、年齢満一八歳未満の者を選挙運動に従事させることは禁止されている。

Q　選挙演説の原稿を年齢満一八歳以

A　直接選挙人に働きかける行為であり「選挙運動」と認められ、違反と

上の者が書き、年齢満一八歳未満の者は単にそれをそのまま読みあげるにすぎない場合はどうか。

なる。

Q　学生アルバイトとしての選挙運動は差し支えないか。

A　満一八歳未満の学生は、選挙運動のために労務を提供することは差し支えないが、選挙運動をすることはいっさい禁止されている。満一八歳以上の学生ならば、選挙運動をしても差し支えないが、その場合は、法一九七条の二の規定により交通費・宿泊費・弁当料などの実費弁償を受けることができるだけで、報酬（アルバイト料）の支給を受けることができないから注意を要する。

なお、選挙運動のための事務員、車上運動員、手話通訳者および要約筆記者へは、一定の範囲内で、報酬を支給することができるが、その場合は前もって選挙管理委員会に届け出なければならない。また、選挙運動のために使用する労務者にも、一定の範囲内で報酬支給ができるが、労務者の場合は届出は不要である（法一九七の二②・⑤）。

〈行政判例〉

○組合活動との関係

労働組合もしくはその連合体またはその構成員が、労働組合もしくはその連合体の組合活動としてした行為であっても、本条〔公選法第一三七条の二〕二項に反する限り同条違反となり、正当行為として許されるべきではない。（昭三〇・四・三○　名古屋高裁金沢支部判決）

3　選挙事務所

Q　選挙事務所とは何をするところか。

A　「選挙事務所」は選挙運動の本部である。特定の候補者について、投票を得るため、演説会の準備をしたり、届出書を用意したり、ポスターを貼る手配をしたり、その他いろいろな選挙運動に関する事務を取り扱う場所である。政党その他の政治団体が設ける選挙対策本部も、一般的な選挙運動の作戦などを練るだけでなく、そこである特定候補のための選挙運動事務をも行っていると認められれば、名称などとはかかわりなく選挙事務所とみなされる。

Q　選挙事務所はいくらでも設置できるか。

A　町村議会議員の選挙の場合は、候補者一人につき、一か所に限られている（法一三一）。

Q　選挙事務所を移動させることができるか。

A　できる。ただし、当該選挙事務所ごとに、一日につき一回を超えて移動（廃止に伴う設置を含む）することはできない。

したがって、町村議会議員の場合は七回（当初の設置を含む）までである。

Q　選挙事務所の表示だけして、実際には選挙事務の取扱いをしないものでも、選挙事務所といいうるか。

A　選挙事務所として取り扱うべきものと思われる。

Q　選挙運動員が、選挙事務所の看板

A　選挙事務所とみなされる。したがって、正式に届け出た選挙事務所と

を掲げないで、単に何某候補者連絡所と表示し、ポスターの掲示、選挙用葉書の頒布などの事務をとっているところは、選挙事務所とみなされるか。

別の選挙事務所がある場合には違反となる。

Q　届け出た選挙事務所ではほとんど事務を行わず、候補者の自宅で大部分の事務を行っているような場合は、違反になるか。

A　選挙事務所が二か所あると認められて違反になる。

Q　選挙事務所を設置するには、どんな手続きをとればよいか。

A　選挙事務所は、候補者または推薦届出者でなければ、設置することができない（法一三〇①Ⅳ）。推薦届出者が設置するときは候補者の承諾を得る必要がある（令一〇八②）。

選挙事務所を設置したときは、直ちに、設置者は町村の選挙管理委員会へ届け出なければならない。また、選挙事務所の異動があった場合も同様とされている。

この届出は、はじめて設置する場合も、場所を変更する場合も、いずれも文書でしなければならない。その届出書には、

(1)　選挙事務所の所在地（変更の場合は旧新の双方）
(2)　設置の年月日（変更の場合は設置と廃止の双方）
(3)　設置者の氏名（設置者が候補者である場合においてはその氏名、推

Q　選挙事務所にはどんな表示ができるか。

薦届出者である場合においてはその氏名および候補者の氏名）を記載しなければならない。ほかに推薦届出者が設置者である場合は、設置について候補者の承諾を得たことを証明する書面を添え、さらに推薦届出者が数人あるときは、その代表者であることを証明する書面が必要である。

A　選挙事務所は、選挙運動の事務を取り扱う本部であり、また、選挙人に対して事務所の存在を知らせることは大いに意義のあることである。公選法でも、この意味で、選挙事務所には、次のようないろいろの表示ができることを定めている（法一四三）。

(1)　ちょうちん一個

大きさは高さ八五センチ、直径四五センチ以内とする。ここで直径とは、ちょうちんの一番大きい部分の直径を指す。

(2)　ポスター、立札および看板の類

その数はポスター、立札、看板の類を通じて三個以内と限られている。したがって、ポスターを一枚と看板を二個掲示したら、立札は立てられないわけである。

大きさについては、ポスター、立札、看板ともタテ三五〇センチ、ヨコ一〇〇センチ以内としている。

なおポスター、立札、看板の規格は、タテ、ヨコいくらと規定されてはいるが、これは二辺の長さを制限したもので、これをタテに使うかヨコに使うかは自由である。

また、立札、看板の大きさの制限は、字句の記載される部面だけではなく、その下の足の部分まで含まれるから注意しなくてはならない。立札などの材質については制限はない。

なお、記載事項としては「選挙事務所を表示するため」、つまり、誰々候補者の選挙事務所であることを表示することが主たる内容であるべきであって、その候補者の政見や主張などもスローガン程度のものを付随的に記載するのは差し支えないが、その政見などの記載が主と認められるようなものは許されない。

掲示する場所は「その場所において」と定められているから、選挙事務所を置いている場所であるということが合理的に判断できる場所でなければならない。たとえば事務所のある建物の道路を隔てた向う側に掲示するなどということは認められていない。

また、アドバルーン、ネオン・サインまたは電光による表示、スライドその他の方法による映写などの類（屋内の演説会場内においてその演説会の開催中掲示する映写等の類を除く）を掲示することは禁止されている（法一四三②）から注意を要する。

ここで問題となるのは、ネオン・サインまたは電光による表示ということであるが、それはネオン管そのもの、あるいは電光そのもので文字を表示しているものであり、夜間、文字を書いた立札や看板などがよく見えるように、電光によって照射するとか、夜光塗料を用いるなどは許される。ただし、このため法定費用を超えることのないように注意しなければならない。なお、立札、看板の周囲を豆電球でふちどりし、点燈しまたは点滅させることはできないものと解される。

なお、選挙事務所およびその表示は、選挙事務所の所在地が投票所を設けた場所の入口から三〇〇メートル以上（直線距離）離れていれば、選挙当日でも設置および掲示することができる（法一三二・一四三⑤）。

Q　選挙用のちょうちんの形は、どんな形でもよいか。

A　高さ八五センチ、直径四五センチ以内ならどんな形でもかまわない。

Q　選挙事務所を表示するためのポスターに、候補者の写真を貼付することは差し支えないか。

A　差し支えない。

Q　選挙事務所を表示するため、事務所の二階から垂れ幕をたらす場合、表示されたポスターとみてよいか。

A　垂れ幕は看板の類とみなされるので、規格制限の範囲内であれば差し支えない。

Q　選挙事務所を表示する看板として、三角柱のようなものの各面にそれぞれ選挙事務所の表示を記載することは差し支えないか。

A　立体感を有するものと認められ、使用できない。

Q　立札、看板類の効果をあげるた

A　規格の制限を超えない限り、差し支えない。

め、造花やモールなどを取り付けて飾り、人目を引くようにすることは差し支えないか。

Q　休憩所などを設置することはできないか。

A　選挙運動のため、選挙人や選挙運動者などが立ち寄り休息するための場所（連絡所、湯呑所などを含む）は、いっさい設けてはならない（法一三三）。しかし、選挙事務所内の運動員休憩所とか、演説会場内の弁士控室などはこれに該当しない。

＜行政判例＞

○休憩所と選挙事務

選挙事務所を設けたる以上は選挙運動の為にする休憩所を兼ねること当然なりとするも、休憩所なる以上は常に選挙事務を処理すべき場所なりと云ふを得ず。（昭四・一二・一九　刑）

4　戸別訪問と個々面接

Q　戸別訪問とはどんなものか。

A　戸別訪問とは、連続して選挙人の家を訪ねて、投票を得るため、あるいは他候補に得させないようにするため依頼する行為であり、何人も禁止されている（法一三八）。すなわち、本条違反が成立するためには、二戸以上の選挙人宅を戸別に訪問することが必要であって、一戸だけを訪問しても戸別訪問とはならない。ただし一戸しか訪問しない場合でも二戸以上を訪問する目的をもっていた場合は戸別訪問となる。また、同じ日に二戸以上訪問しなければ戸別訪問とはならないということではないので注意を要する。会社、工場など、選挙人が勤務する場所へ行って個々に投票を依頼する行為も、戸別訪問とされている。また選挙運動のため、戸別に演説会の開催や演説を行うことについて告知して歩いたり、戸別に特定候補者の氏名や政党、政治団体の名称を言い歩く行為もやはり戸別訪問になるとみなされている（法一三八②）。そもそも戸別訪問による選挙運動が禁止されているのは、買収その他の不正行為を行う機会を作り、選挙の公正を害するおそれがあるという見地からである。

　しかし、選挙運動期間中、候補者は親族や友人を絶対に訪問できないというわけではなく、選挙運動の目的のない、もっぱら社交上の目的で他家を訪問することは、候補者のみならず、運動員その他何人でも差し支えないことはいうまでもない。

＜行政判例＞

○戸別訪問の成立要件

衆議院議員選挙法第九八条（公職選挙法第一三八条）第一項に所謂戸別訪問には必ずしも戸より戸へ間断なく歴訪する場合のみに限らず二人の選挙人宅を日時を異にして訪問する場合をも包含するものとす。（昭八・一一・二七　刑）

Q　選挙運動員三〇名が謀議して、三〇名がそれぞれ選挙人宅一戸だけを訪問することは戸別訪問になるか。

A　数人が共謀して各人が一戸ずつ訪問した場合も、連続した戸別訪問になる。

Q　投票依頼の目的で、ある家を訪問

A　戸別訪問となる。戸別訪問は投票を得ようとし、もしくは得させよう

したが家人が不在で目的を達しなかった。その場合も戸別訪問となるか。

とし、または得させない目的をもっていたかどうかが問題なのであって、相手に会ったかどうか、あるいは相手が承諾したかどうかは問うところではないとされている。

〈行政判例〉

○戸別訪問の成立要件

戸別訪問罪の成立要件としては、選挙に関し、投票を得若しくは得しめ又は得しめない目的をもって、選挙人方を戸別に訪れ、面会を求める行為をすれば足り、当該選挙人に面接するとか、更には口頭で投票し又は投票しないことを依頼するとかの行為をすることを要しない。（昭四三・一二・二四　最高裁判決）

Q　候補者でなく選挙運動員が一戸一戸に投票を依頼する場合も違反となるか。

A　違反となる。誰であっても、投票を得るため、得させるため、あるいは得させないため戸別訪問をすることはできない。

Q　候補者が農業協同組合の組合員の会合に出て、投票を依頼するあいさつを行うことは違反か。

A　選挙運動ができる期間中ならば、演説会の実態を有しない会合であり、演説の場所の制限に違反しない限り差し支えない。（幕間演説であれば差し支えない。）

Q　ポスター掲示の承諾を得るため訪問することは戸別訪問になるか。

A　純粋にその目的だけなら戸別訪問ではない。投票を得ようとし、あるいは得させようとし、または得させまいとする目的が認められる場合には違反となる。

Q　候補者推薦会を特定の地区で開催する場合、代表者だけが集合して被推薦者を決定し、その結果を代表者

A　正当に代理者として委託を受けた者が、その結果を委託した者に通知する程度の行為は内部的行為として差し支えないが、単に一部の有志だけが会合して被推薦者を決定し、それを各戸へ通知するような行為は違

が後で各戸に口頭または文書で通知する行為はどうか。

反となる。

Q　候補者の息子が近所の家を訪問して、投票依頼することはどうか。

A　戸別訪問に該当し、禁止される。

Q　牛乳配達、郵便配達人が配達した家で投票を依頼した場合はどうか。

A　戸別訪問の禁止違反になる。

Q　個々面接とは何か。

A　候補者が一見して直ちに個別に認識し得る程度の人数の会合の席上で、個々に「どうぞよろしく」と投票の依頼行為をし、あるいは道路上、電車やバスの中などで投票を依頼する行為を個々面接といい、これらの行為は禁止されていない。ただ、個々面接と戸別訪問との境界は微妙であるから注意を要する。たとえば選挙人宅付近の道路上へ選挙人を呼び出して投票を依頼する行為は、連続的に二人以上に選挙人を順次呼び出して行えば戸別訪問になる場合がある。

＜行政判例＞

○屋外における投票依頼

選挙人の居宅またはその敷地内に立ち入る意思は全くなく、それまで連呼行為に使用していた自動車を乗り入れることができない道路に来たため、下車して、地域内の道を徒歩で廻りながら、路上で出会った者や、たまたま居宅の屋外の敷地内に出ていた者に声をかけて投票を依頼したにすぎない場合には、戸別訪問から生ずるとされる弊害と結びつくおそれはなく、このような行為まで、公選法が禁じているものとは解し難い。もっとも、行為者が終始道路上にあったとしても、屋内にいる選挙人をわざわざ呼び出して投票を依頼すれば、私生活の平穏を害するおそれがあり、戸別訪問罪が成立すると解してよいであろう。（昭四三・一一・一　最高裁判決）

Q　田畑で働いている人のところへ行って投票を依頼することは違反となるか。

A　たまたま田畑にいる人にあって投票を依頼する場合は個々面接として許される。しかし、その家の庭にあたるようなところにある田畑で働いている人を訪問して投票を依頼するときは、戸別訪問となる場合がある。

〈**行政判例**〉

○戸別訪問の場所

戸別訪問は、必ずしも被訪問者某の居宅を訪う場合に限らず、いやしくも社会通念上何某方であると認められる個所、たとえば何其方の庭先、居宅外の小屋、事務所、勤務先等を訪問した場合を含む。（昭二八・八・一二　福岡高裁判決）

Q　候補者の名刺を選挙人の住居にだまって置いてまわるのはどうか。戸別訪問か個々面接か。

A　その場合は、戸別訪問禁止の違反になるとともに、文書図画の頒布禁止違反にもなるおそれが高い。

〈**行政判例**〉

○戸別訪問と個々面接

所謂戸別訪問とは、選挙に関し、候補者に投票を得しめる等同条所定の選挙運動をなす目的をもって、戸別に選挙人を訪問することにあるから、連続して数人の選挙人方に赴き、たまたま候補者のため投票方を依頼した事実があっても、その訪問が純然たる他の所用の目的をもってなされたものであるときは、これを単なる個々面接ということができるけれども、いやしくもその訪問について、候補者に投票を得しめる目的がある限り、他の用語を併せ有し、または他の用件に仮託した場合においても、まさに戸別訪問に該当するものと解すべきである。（昭二九・四・八福岡高裁判決）

Q　電話で選挙運動をしてもよいか。

A　選挙の当日を除いて、選挙運動の期間中は候補者、第三者であるとを問わず、電話を使用して特定候補者への投票依頼をすることができる。電話による選挙運動をする場合には、これに要する費用は、出納責任者の承諾を得ないで支出することができるし、第三者が候補者または出納責任者と意思を通じないでこの費用を支出した場合は、選挙運動費用に算入しなくてもよい。

Q　選挙運動のため、電話で次々に有権者に対し、演説会の開催もしくは演説を行うことについて通知する行為は違反か。

A　電話で行う場合は戸別訪問でないから許される。

5　気勢を張る行為

Q　「気勢を張る行為」とはどんなことをいうのか。

A　選挙戦がたけなわになると、候補者や運動員は追い込みに必死となり、何とかして選挙人の注目を集めようとするあまり、常軌を逸した行動に出がちである。このような行為を気勢を張る行為といい、選挙の静穏保持を困難にし、選挙人に冷静な判断を失わせるもととなるので、禁止されている（法一四〇）。

何が「気勢を張る行為」に当たるかは、具体的な事例に応じていちいち認定されるべきものであるから、その範囲は直ちに明らかにしにくいが、たとえば、デモ行進を行ったり、花火やたいまつを用い、あるいは鐘や太鼓、ラッパの類を高々と鳴らすことなどの行為が、これに当たるものとされている。

Q　チンドン屋をまねて、運動員が街頭演説をすることは、気勢を張る行為となるか。

A　その時期、場所、方法などによっては気勢を張る行為となる場合もある。

Q　街頭演説が終了した直後その候補者の運動員が聴衆にカンシャク玉三〇個くらいを手渡し、聴衆にこれを破裂させることは気勢を張る行為となるか。

A　気勢を張る行為となる。

Q　個人演説会を知らせるため打上げ花火を用いることはどうか。

A　気勢を張る行為となる。

Q　一〇人以上の者が隊伍を組んで、メガフォンをもち、投票を依頼して歩く行為は、気勢を張る行為となるか。

A　おおむね気勢を張る行為となる。

6　署名運動

Q　どんな名目でも署名運動はできないか。

A　その名義がたとえ後援会に加入させるためというふうになっていたにしても、それが投票を得、もしくは得させない目的で署名運動を行ったと認められる場合は該当するものとされる（法一三八の二）。さらに選挙人の氏名を記載することと同じ意味をもって白紙の上に認印を押してもらうことも署名と同じものとみられ、違反となる。

〈行政判例〉

○本条の趣旨並びに署名運動に該当する事例

本条の趣旨は、選挙人に対し、各別に投票前に特定の候補者を支援し又は支援しない意思の表明とみられる署名を求めることは、署名者をして自らのした署名に拘束され、有権者の自由な意思に基づく公正な投票を行なうことを妨げる等の危険が存することを慮ったからに他ならない。従って、その署名を蒐集するに際し、署名を求める用紙に特定の候補者を支援し又は支援しない趣旨が明記され、又は当該用紙自体に特定の候補者の氏名が明記され、その結果、署名者の該特定候補者に対する関係が用紙自体から容易に了解できるように構成されている必要はなく、その署名を求める用紙自体が白紙であり、あるいは、本件の如く特定の候補者の氏名を明記せず、単に有権者が他の有権者を紹介する形式を用いた場合であっても、いやしくも選挙に関し、法第一三八条の二所定の目的をもって（主観的違法要素）選挙人に対し、各別に特定の候補者を支援し又は支援しない意思の表明とみられる署名を求める行為をした以上、同条にいう署名運動をしたものに該当する。（昭三五・一

一・三〇　名古屋高裁判決）

Q　署名運動を行った場合は、集めた者が罰せられるのか、それとも名を書いたり、印を押した者も罰せられるのか。

A　署名を集めた者が一年以下の禁錮、または三〇万円以下の罰金に処せられる。

Q　選挙運動の期間中に駅頭で「○○中学校移転反対」の署名を集めることはできないか。

A　たとえ学校の移転反対の署名であっても、それがある候補者のスローガンと一致し、事実上署名を集めることがその候補者の選挙運動ともなるような場合は、署名運動禁止規定にふれる場合がある。

〈行政判例〉

○政党名義の物価値上げ反対の署名運動が法第一三八条の二に違反するとされた事例

政党名義の物価値上げ反対の署名運動であっても政党所属候補者の当選に有利に作用するという程度をこえ特定の候補者への投票により強く結びつく形態のものは、法一三八条の二の署名運動に当たる。（昭四六・一〇・四　東京高裁判決）

Q　明るく正しい選挙をとなえて立候補している者があるとき、「明るく正しい選挙推進のため」の署名運動を行う場合はどうか。

A　その特定候補者のためにしているものかどうか、その他の事実関係で判断するほかはない。

Q　有権者ばかりでなく、年齢満一八歳未満の者も含めた一般的な署名運動でもできないか。

A　選挙人を含み投票獲得またはその反対のためのものである限りできない。

Q　ある政党の政策の支持または反対の署名運動、たとえば衆議院議員選挙において再軍備反対や労働法規改正反対なども「選挙に関し」この署名運動となるか。

A　選挙に関し当選を得若しくは得しめ又は得しめない目的をもってなされるものでない限りにおいては、公選法にいう署名運動の制限違反とはならない。

7　飲食物の提供

Q　「飲食物の提供」とはどういうことか。

A　まず「飲食物」とは、料理、菓子、酒、サイダーなどのように何らの加工もしないでそのまま飲食できるものをいうとされている。公選法では、何人も選挙運動に関し、いかなる名義をもってするを問わず、湯茶およびこれに伴い通常用いられる程度の菓子以外の飲食物を提供することができないと定められている（法一三九）。

この場合、「何人も」というのであるから、候補者の側で出しても、また後援者が陣中見舞の形で候補者に出しても違反になるわけである。ただし、選挙運動員および労務者に対しては一定基準額内の弁当が一日一五人分（四五食分）に、告示日から投票日前日までの期間の日数を乗じた数分を超えない範囲内で、原則として選挙事務所において食事するために提供できる。

出し方は、いつも一日一五人分ということではなく、ある時は二〇人分出し、その次は一〇人分になるなどによって総合計で範囲を超えなければよい。

＜行政判例＞

〇第一三九条の意義

公選法第一三九条に、何人も選挙運動に関し、いかなる名義をもってするを問わず、飲食物を提供することができないとあるのは、特定の公職の候補者の選挙運動に関して、同条所定の湯茶、菓子、弁当等を除く飲食物を提供することを禁止したものである。（昭三七・二・一　最高裁判決）

Q 生の野菜や米を提供した場合はどうか。

A 生の野菜や米のようにそのままでは食べられないものは、飲食物の原材料であって、それ自体飲食物とはいえないであろう。しかし、飲食物ではないからといって候補者、運動員が、投票を得るため選挙人にこれらを提供すれば、利益供与となり、買収行為とみられることはもちろんである。

Q 選挙事務所で出せる茶菓子はどの程度のものまでよいか。

A まんじゅう、せんべい、みかんなどのお茶うけ程度のものをいう。

Q 田舎でよくやる漬物をお茶うけに出すのはどうか。

A かまわない。

Q お茶として茶碗に冷酒を入れて出すのでも違反になるか。

A 違反となる。酒類は、「湯茶およびこれに伴い通常用いられる程度の菓子」に当たらず、提供することはできない。

Q 選挙事務所を訪れた有権者に茶菓子を出してもよいか。

A 通常用いられている程度のものであれば、差し支えない。しかし、選挙事務所を訪れた有権者の家へ後で届けたり、あるいは事務所内であっても通常の量を超えて無制限に提供するようなことは買収（物品供与）になる。

〈行政判例〉

○立候補届出前における選挙運動に関する飲食物の提供と公選法第一三九条の適用

公選法第一三九条は、同条但書にあたる場合を除き、立候補届出以後における選挙運動に関し飲食物を提供することだけを禁止したものではなく、立候補届出前における選挙運動に関し飲食物を提供することも禁止したものと解すべきである。（昭四五・六・一六　最高裁判決）

Q　陣中見舞として特定の候補者に食物などを贈ることは許されるか。

A　お茶うけ程度の量のまんじゅう、せんべいなどであれば差し支えないが、高級洋菓子、高級生菓子、料理、清酒のようなものは飲食物の提供として禁じられている。この場合、提供した者が罰せられることになっている。

〈行政判例〉

○「選挙運動に関し」の意義

公選法第一三九条にいう「選挙運動に関し」とは「選挙に関し」よりは狭いが「選挙運動のために」より広い概念で、飲食物の提供自体が選挙運動の手段となっている場合に限らず選挙運動に関することが飲食物提供者の動機決定の一契機となっていれば足りると解さなければならない。（昭三四・九・二三　仙台高裁秋田支部判決）

Q　弁当を支給するには誰の承諾を得てやればよいか。

A　弁当を支給することのできる者は、支出権限をもっている者すなわち出納責任者である。

その他の者が支給するためには、あらかじめ出納責任者から文書でその承諾を得ておかなければならない。承諾なしに勝手に支給すれば支出違反となる。

Q　運動員および労務者に対し、選挙事務所において食事するため提供する弁当（運動に出かけた運動員らが携行するものを含む）の額には制限があるのか。

A　当該選挙に関して各選挙管理委員会で定めることになっているが、その額は一食につき一、〇〇〇円、一日につき三、〇〇〇円が基準とされている。

Q　選挙運動期間中出せる弁当は、総計何食分か。

A　選挙運動の期間は、選挙期日の告示のあった日から投票日の前日までであるから、町村議会議員の場合であると五日になるので、一日一五人分×三食×五日で計二二五食である。

この数は、選挙運動期間中に出せる弁当の総数、つまりワクである。

Q　それは現物でなく現金で出してもよいか。

A　選挙運動員が外で食事をした場合は実費弁償として弁当料（一食一、〇〇〇円、一日三、〇〇〇円）を支給できる。

これは選挙事務所で提供する弁当の数のワクには含まれない。

労務者は弁当自弁が建てまえであるので、外食しても弁当料は支給できない。なお、労務者の場合、弁当を現物支給したとき（選挙事務所での弁当を含む）は、報酬額からその実費を差し引かなければならない。

Q　一部現物で出し、一部は出先で個々に食べさせた場合、その実費を金でやることはできないか。

A　それが基準額の範囲内ならば、たとえば、選挙事務所で提供した朝、昼の弁当の実費が一、八〇〇円であったとすれば、選挙運動員の場合は、弁当料の基本日額（大体三、〇〇〇円）からこれを差し引いた残額

一、二〇〇円以下（ただし、一食について大体一、〇〇〇円以下でなければならないから、夕食にかかりに一、一〇〇円かかったとしても実際に支給できる現金は一、〇〇〇円であり、差額の一〇〇円は運動員が負担しなければならない）を支給できる。労務者の場合は弁当料としては支給できず、また弁当を現物支給したときは、報酬額からその実費を差し引かなければならない。

Q 近所の料理屋に用意しておいてもらって、そこに行って食べるようにしてもよいか。

A 選挙事務所において提供する場合についてのみ許されているから、料亭、飲食店などへ出かけて食べることは許されない。ただ選挙運動のため出かける場合、選挙事務所でもらった弁当をもち、行先で食べることは差し支えない。

Q 運動員が飲食物の材料を持ち込み加工して提供して差し支えないか。

A 材料を持ち込んだ運動員同士が自己の飲食に供するのは差し支えないが、第三者に提供すれば違反となる。

8 自動車・船舶・拡声機の使用

Q 選挙運動のため、自動車を使用できるか。

A できる。ただし、どんな自動車でも使用できるわけではなく、制限がある。

Q 船舶は使用できるか。

A できる。

Q 使用できる自動車、船舶の数は。

A 候補者一人につき自動車一台か船舶一隻が使用できる。つまり、両方を同時に使用することはできない。

Q　使用できる自動車はどんな種類のものか。

A　町村議員選挙で主として選挙運動のために使用できる自動車の種類は次のとおりである。なお、構造上宣伝を主たる目的とするものは使用できない（法一四一、令一〇九の三）。

1　乗車定員四人以上一〇人以下の小型自動車

これに該当するのは、乗車定員四人以上一〇人以下の小型乗用自動車およびバン型の小型貨物車である。ただし、上面、側面、または後面の全部、または一部が開放されているものおよび上面の全部か一部が開閉できるものは使用できない。

2　四輪駆動式の自動車で車両重量二トン以下のもの

これはいわゆるジープといわれているものが代表的なもので、車両重量二トン以下のジープ型車であれば、その上部が開けたり閉めたりできるものであっても使用することができる。すなわち幌《ほろ》付ジープは使用できることになる。ただし、上面、側面または後面の全部または一部が開放されているものは使用できない。なお、最近は、サンルーフ付きの四輪駆動車も発売されている。

3　乗車定員一〇人以下の乗用自動車で右の1および2に該当しないもの

「乗用自動車」とは、自動車検査証に記載されていて用途が乗用になっているものをいい、用途が乗用となっているものであれば普通自動車、小型自動車はもちろん軽自動車、オートバイ、サイドカーも使用できる。ただし、オートバイやサイドカー以外の自動車は、上面、側面、後面の全部かまたは一部が開放できるような構造になっているもの、つまり覆う設備がなくあけっぱなしになっている状態のもの（たとえばオープンカー）とか、上面の全部または一部が開閉できるもの、すなわち覆う設備はあっても開けたり閉めたりすることができるもの（屋根をとりはずせたり格納できるものおよび屋根に換気口のある車など）は使用できない。

4　小型貨物自動車及び軽貨物自動車

「小型貨物自動車」とは小型自動車に該当する貨物自動車で、その用途が貨物自動車として登録されているものをいう。小型貨物自動車であれば、1、2、3の場合と異なり、覆いの有無にかかわらず使用できる。

「軽貨物自動車」とは軽自動車に該当する貨物自動車であり、乗車定員や構造にかかわりなく使用できる。

なお、1から3までの自動車（二輪車を除く）で上面、側面、後面の全部または一部が開閉できる構造になっているものを、走行中にそれらの全部あるいは一部を開いて使用することはできないが、側面や後部にある窓はあけておいてもかまわない。

Q　大型トラックは使用してはいけないか。

A　使用できない。

Q　船舶の種類についてはどうか。

A　特に制限がない。

Q　では船舶の場合は乗船者の制限もないのか。

A　人数についての制限はある。候補者、運動員四人以内、それに船舶の運航に必要な船員だけが乗船できる。なお、選挙運動用の船舶に乗船する運動員は、選挙管理委員会から交付される腕章を着用しなければならない。

Q　自家用車をもっている者が、許された選挙運動用自動車一台のほかに、これを使用することはどうか。

A　自家用車を、たまたま選挙事務所から演説会場へ行くのに、臨時に使用する程度のものなら差し支えないが、常時そのため待機させて利用するような場合は違反となる。

Q　「主として選挙運動のため使用する自動車」というのはどういうことか。

A　主として選挙運動のため使用する自動車であるかどうかは、①その自動車を選挙運動のために計画的、継続的に使用するものであること、②使用する者が選挙運動のために使用することを主目的としているものであること、③使用形態が主として選挙運動のために使用するものであることをいう。

すなわち、自家用車を選挙事務所に常備して、候補者が選挙演説を行うため演説会場へ往復することを目的として常時使用するような場合とか、また一時的に使用する場合であっても、その自動車の上から街頭演説を行ったり、その場所において連呼するようなときは、主として選挙運動のために使用する自動車と認められる。

＜行政判例＞

○公選法第一四一条第一項にいう「主として選挙運動のために使用する自動車」の意義

公選法第一四一条第一項のいわゆる「主として選挙運動のために使用される自動

車」とは、選挙運動のために使用することが主たる目的とされている自動車という意味であって、選挙運動のために自動車を傭上げ使用した場合にも、その契約の目的、使用状況等によって判断されなければならない。従って自動三輪車を雇入れこれに拡声機等を積み込み、午前八時頃から午後六時頃までの間部落内を巡回し、要所要所において拡声機を車から降ろし右拡声機を用いて選挙運動をした場合には、たとい同車上から演説または連呼をした事実がなくても、右自動三輪車は「主として選挙運動のために使用される自動車」にあたる。（昭二九・六・一八　最高裁判決）

Q　自動車に乗車する人員には制限があるか。

A　候補者と運転手一人を除いて、乗車する人員は四人を超えてはならず、この四人は選挙管理委員会が定めた一定の腕章を着けなければならない（法一四一の二）。

　二名の候補者が自動車を共同使用する場合は、各候補者についてそれぞれ四名（候補者および運転手一人を除く）であるが、乗車定員を超えてはいけない。

Q　拡声機は何台使用できるか。

A　主として選挙運動に使用するものは一揃いに限られる。しかし、個人演説会を開いている場合に限り、その会場で、別に一揃い使用しても差し支えない。つまり、個人演説会を開いているときは、その会場の一揃いと、別の場所で街頭演説をしていれば、そこに使用している一揃いと、つごう二揃いまで使ってよいことになる。

Q　電気メガフォンは拡声機か。

A　拡声機である。

Q　「主として選挙運動に使用する拡声機」というのはどういうことか。

A　借り上げその他の契約の内容により、あるいは拡声機の使い方などによって、社会通念上選挙運動に使用することが主目的である場合をいうのである。

たとえば、映画館などで「○○候補者がおりましたら表玄関まで……」というようなアナウンスを行う場合、その放送をはじめから計画してくり返してやれば、特定候補者の選挙運動のためと認められる場合があり、拡声機の制限にしたがわなければならない。また、候補者のあいさつを録音盤で選挙人に聞いてもらうため、映画館で拡声機を使ってすることは、やはり拡声機使用の制限にしたがってやらなければならない。

Q　自動車、マイクにつける「所定の表示」とは何か。

A　選挙運動のために使用する自動車や拡声機は、ただ単に数量の範囲内であればよいというのではなく、各町村の選挙管理委員会が定める一定の表示をしなくてはならないことになっている。この表示は、選挙管理委員会がその様式を一定し、交付することになっている。

Q　二人の候補者が共同で自動車や拡声機を使用することは差し支えないか。

A　差し支えないが、その場合は、それぞれの候補者が各一台または一揃い使用したものとして計算される。

9　文書図画による選挙運動

Q　町村議会議員の選挙運動に許され ―

A　文書図画による選挙運動は、言論による運動とともに、選挙運動の中

ている文書は何々か。

心をなすものである。しかし、公選法上、言論による運動は比較的自由なのに対して、文書によるものはかなり強い制限を受けている。町村議会議員の選挙にあっては、葉書八〇〇枚及び、ビラ一六〇〇枚（法一四二）、二回の新聞広告（法一四九）とポスター五〇〇枚（法一四四条の二第八項に基づくポスター掲示場が設けられた場合は、当該掲示場ごとに一枚限り）（法一四四）などに限られている（ビラの頒布については、令和二年一二月一二日以後その期日を告示される町村議会議員選挙より可能）。

(1) 文書図画

Q 文書図画とはどういうものをいうのか。

A 文書図画とは、「物体に記載された意識の表示」とされており、その内容のあらわし方が文字その他発音符号による場合は文書といい、絵のように形であらわしたものを図画ということになっている。したがって、文書図画はかなりひろく、新聞、雑誌、書籍、名刺、挨拶状、ポスター、看板、立札、ちょうちん、プラカードはもちろん、スライド、幻灯、映画、ネオンサイン、電光文字から、さらに道路に書かれた文字、舗道に押すスタンプ式文字、壁に書かれた文字など、つまり、眼で見て意味のわかるものならすべて含まれるといってよい。

＜行政判例＞

○選挙運動のために使用する文書の意義

公選法第一四二条第一項にいう「選挙運動のために使用する文書」とは、文書の外形内容自体からみて選挙運動のために使用すると推知されるものを指称するのであるが、それは、当該文書の外形又は内容に何らかの意味で選挙運動の趣旨が表示されていて、見る者が頒布の時期、場所等の諸般の状況から推して特定の選挙における特定の候補者のための選挙運動文書であることをたやすく了解し得るものであれば足りると解するのが相当であり、当該文書の外形内容自体に特定の選挙における特定の候補者の当選を目的とする趣旨が逐一具体的に明示されていなければならないとまで厳格に解するのは相当でない。また右に所謂「選挙運動」とは、特定の公職選挙につき特定の候補者の当選を目的として、投票を得又は得させるために直接又は間接に必要かつ有利な一切の行為をいうのであって、対立候補者の当選を妨げるためにする行為であっても、それが自派の候補者を当選させようとする目的に出たものである場合は、なおこれを選挙運動というに妨げないと解するのが相当である。（昭四五・一二・一八　高松高裁判決、昭四七・一〇・六　最高裁判決）

Q　掲示できる文書図画は何々か。

A　町村議会議員の選挙で、候補者が掲示することを許された文書図画は、選挙運動に使用するポスター（法第一四三条第一項第五号のポスター）、自動車・船舶に取りつけるポスター、立札、ちょうちん、看板の類および候補者が使用するタスキ、胸章、腕章の類、そのほかに、①選挙事務所を表示するちょうちん、ポスター、立札、看板の類、②個人演説会で使用するちょうちん、ポスター、立札、看板の類、③屋内の演説会場内における映写等の類がある（法一四三）。

Q　頒布が許されている文書図画にはどんなものがあるか。

A　町村議会議員の選挙の場合は、候補者として頒布できるのは選挙用の葉書八〇〇枚、町村の選挙管理委員会に届け出た二種類以内の選挙用のビラ一六〇〇枚である（ビラについては令和二年一二月一二日以後その期日を告示される選挙）。なお、いずれかの一の新聞に一定寸法以内で二回だけ、選挙に関し広告をだすことができるが、この場合の頒布の主体は候補者ではなく、その新聞の販売業者が通常その新聞を頒布しているやり方で頒布するものである。

このほか選挙公報が発行される町村にあっては、選挙管理委員会が選挙公報を発行し、各世帯に配布する。

Q　立会人の依頼をしたり、選挙事務所を設置することを依頼したり、演説会場を借り上げるなどのために手紙を出すことは選挙運動用文書図画の頒布ということになるか。

A　直接選挙運動のためにするものでないから制限されない。

〈行政判例〉

〇準備行為としての頒布であるとの主張が排斥された事例

公選法第一四二条第一項は、同条項各号所定の通常葉書を除いて、前記説示の意義における文書を選挙運動として頒布することを禁止したものであり、これを選挙運動の準備行為として頒布することまで禁止したものではないと解すべきであるが、特定の選挙が施行されること、そして特定の人がその選挙に立候補することが予測され、あるいは確定的となった場合において、或る者が、外部から、他の個人または団体に対し、その特定の人を当該選挙において支持すべき候補者として他の者または団体構成員に推薦されたい旨の依頼をする行為は、遅くとも選挙の公示があった後の時期においては、名は推薦依頼であっても、その実質は、特別の事情のない限り、当該候補者を当選させるための投票依頼行為であって、選挙運動に該当

するものと認めるのが相当である。（昭四四・三・一八　最高裁判決）

Q　選挙運動用葉書の掲載の内容に制限はあるか。

A　掲載の内容については制限がなく、候補者の写真入りでもかまわないし、文章の形式も自由である。

ただし、虚偽事項の公表など法に違反する内容であるときは処罰の対象となることは当然である。

Q　選挙運動用葉書または選挙運動用ビラを、二名以上の候補者が共同使用することは、差し支えないか。

A　差し支えないが、枚数については各候補者ごとにそれぞれ一枚と計算する。

Q　第三者が候補者の推薦文を掲載した葉書を頒布できるか。

A　できるが、候補者が使用できる選挙運動用葉書を用いてする場合だけ許される。

Q　選挙運動用ビラには大きさなどの制限があるか。

A　ある。大きさはＡ４判（長さ二九・七センチ、幅二一センチ）を超えないこと、また、表面に必ず頒布責任者および印刷者の氏名（会社なら社名）および住所を記載しておかなければならない（法一四二）。

また、町村の選挙管理委員会が交付する証紙を貼らなければ頒布することができない。

Q　選挙運動用ビラの掲載の内容に制限はあるか。

A　掲載の内容については制限がなく、候補者の写真入りでもかまわないし、個人演説会の告知や政見の宣伝、直接投票依頼の文言等も記載することができる。また、色刷りについても制限がないから何色を用いてもよく、紙についても特に制限はない。

ただし、虚偽事項の公表など法に違反する内容であるときは処罰の対象となることは当然である。

Q　選挙運動用ビラはどのように頒布しても違反にならないか。

A　選挙運動用ビラはどこで配ってもよいというものではなく、新聞折込み、候補者の選挙事務所内、個人演説会の会場内または街頭演説の場所における頒布の方法に限られる。

Q　一度頒布された選挙運動用ビラを回収し、再度頒布することはできるか。

A　できない。

Q　選挙運動用ビラは両面に印刷することはできるか。できるとした場合、枚数はどのように計算するのか。

A　できる。枚数については、一枚として計算する。

Q　選挙運動用ビラの作成費は、公費で負担される場合であっても、選挙運動費用に算入しなければならないか。

A　算入しなければならない。選挙運動費用収支報告書において、公費負担額は、収入については計上しないが、支出については計上することとなる。

Q　個人演説会の開催中に、その場所で使うためにポスター、看板、立札、ちょうちんの類を運搬するとき、人目につくこともありうるが、これはどうか。

A　やむを得ないものとされている。もちろん、故意に人目につくようにやった場合は違反となる。

Q 選挙運動のため映画や芝居の入場券、小型マッチに候補者の名前を入れて、多数の人に配布することはかまわないか。

A できない。

Q デパート、駐車場などの一般の人が集まるところに候補者の名前を書いたビラを掲示することは差し支えないか。

A できない。

Q 電報により投票依頼をしたときはどうか。

A やはり文書の頒布制限に違反する。

〈行政判例〉

○「甲山乙夫個人演説会場」等と題する文書が、公選法第一四二条に該当する文書とされた事例

被告人らが頒布した「甲山乙夫個人演説会場」と題して同候補者の個人演説会の日程、演説会会場の場所等を記載した文書、「甲山乙夫選挙事務所の御案内」と題して同候補者の選挙事務所の住所、電話番号、案内図を記載した文書及び「甲山乙夫政見放送のお知らせ」と題して、同候補者の政見放送の放送局名、放送日時等を記載した文書は、いずれも、公選法第一四二条にいう選挙運動のために使用する文書にあたる。（昭四四・七・一　最高裁判決）

(2)　**新聞広告**

Q 新聞広告はどんな方法でやればよいか。

A 候補者は、選挙運動期間中、二回だけ、選挙に関して新聞広告をする

いか。

Q　組合などが「今期何々選挙にわれわれの組合から何某を推薦した」ということを新聞広告することは差し支えないか。

＜行政判例＞

ことができ、新聞の販売を業とする者は、その広告が掲載された新聞を通常の方法かつ有償で配ることができる。この広告の大きさは、候補者一人について横九・六センチ、縦二段組以内に制限され、その広告代はすべて自己負担である（法一四九・規則一九）。

広告代は新聞社によって異なっており、また選挙費用に加算されるので、こうしたことをよく考え合わせて最大の効果が上がるよう新聞を選ぶことが大切である。

この広告の内容については制限がなく、また数名の候補者が連名で広告することも差し支えない。ただし、この場合は、回数は各人につき一回とかぞえられ、スペースも一人分のスペースしか使えない。たとえば、三人の候補者が三人分のスペースで共同で使用すると、法定外のスペースとなり違反となる。

なお、この広告を組む場所は、記事下とし、色刷りは認められないことになっている。

A　できない。公選法第一四六条又は第一四二条の違反となるものと考える。

○労働組合の機関紙を組合員の者に頒布する行為

労働組合の機関紙に特定候補者の氏名の表示のあるものを、その候補者に当選をえしめる目的で選挙権のある組合員に頒布する行為は、右目的の外選挙に関する報道の目的がある場合でも、公選法第一四六条第一項の規定に違反する。（昭二八・七・一六　大阪高裁判決）

Q　二つの異なる新聞に内容がちがう選挙広告を出すことができるか。

A　できる。

Q　新聞広告を同一日付けで同じ新聞に一度に二回分を掲載しても差し支えないか。

A　差し支えない。ただし、同じ紙面に並べて掲載するときは、二個が一体となって実質的に一個の広告としての効果をもつような方法では掲載できない（規格違反となる）。

Q　では、それを規格の二倍の大きさで掲載できるか。

A　できない。規格は、一人一回につき横九・六センチ、縦二段組以内とされている。

Q　広告を掲載しようとする新聞を自由に選べるか。

A　自由に選べる。ただし、新聞社は、新聞広告掲載基準を設けているので、この基準に合わない場合は、断っても差し支えないとされているので、早目に新聞社と打ち合わせておくとよい。

〈行政判例〉

○公選法第一四九条所定の特定候補者の選挙に関する広告の掲載を特定の新聞社が拒否し、これを選挙管理委員会が黙過した場合と右選挙の効力

公選法第一四九条は、特定候補者から選挙に関する広告掲載の申込を受けた特定の新聞社に対してその申込を承諾すべき義務を負わせたものではなく、したがって新聞社の広告拒否があった場合に、選挙管理委員会は右新聞社に対しその掲載を強制しうべき立場にないから、仮りに右広告拒否の事実があり、これを選挙管理委員会が黙過したとしても、公選法第二〇五条にいう選挙の規定に違反するものという

ことはできず、これをもって選挙無効の事由となるものと解することはできない。（昭四二・一〇・二〇　東京高裁判決）

Q　候補者の広告が掲載された新聞を大量に買って頒布することは差し支えないか。

A　できない。たとえ第三者がやったとしても違反になる。

頒布の方法はその新聞の販売を業とする者により通常の方法かつ有償の場合に限られている。

(3) 演説会場で使える文書図画

Q　演説会場では、その演説会の開催中に、どんな文書図画でも使用できるか。

A　使用するポスター、立札、看板の類の大きさは縦二七三センチ、横七三センチを超えることはできないが、屋内の演説会場内で使用する場合は制限がない。ちょうちんの大きさは高さ八五センチ、直径四五センチ以内である。

ちょうちんは会場内外を通じて一個しか掲示できないが、ポスター、立札、看板の類は会場外で通じて二個以内、会場内は数に制限がなく、記載内容にも制限はない。

また、屋内の演説会場内においては、その演説会の開催中、映写等の類を掲示することができる。

Q　演説会が終了した場合、立看板やポスターなどをそのままにしておいてもよいか。

A　掲示した者は、演説会が終わったら直ちにこれを撤去しなければならない。

Q　演説会場で、候補者はタスキ、胸章、腕章の類を使用してもよいか。

A　差し支えない。

Q 演説会場の入口に立看板を一〇枚並べて立ててよいか。

A 違反である。ポスター、立札、看板の類を通じて二個以内でなければならない。したがって、立看板を二枚並べたら、その他のポスターなどは掲示できない。

Q 街頭演説の場所でポスター、立札、看板類を使用できるか。

A 使用できない。

(4) 選挙運動用ポスター

Q 選挙事務所と演説会場用および自動車に取りつけるポスターのほかはポスターは使用できないのか。

A 町村議会議員の選挙の場合には、五〇〇枚（法一四四条の二第八項に基づくポスター掲示場が設けられた場合は、当該掲示場ごとに一枚）に限り使えることになっている。

これは選挙運動用ポスター（いわゆる五号ポスター）といわれるものである。

Q 選挙運動用ポスターには大きさなどの制限があるか。

A ある。大きさはタブロイド型（長さ四二センチ、幅三〇センチ）を超えないこと、また、表面に必ず掲示責任者および印刷者の氏名（会社なら社名）および住所を記載しておかなければならないことになっている（法一四四）。

これには町村選挙管理委員会の検印を受けまたはその交付する証紙を貼らなければ掲示することができない。

なお、公選法一四四条の二第八項に基づくポスター掲示場が設けられた場合は、町村選挙管理委員会の検印を受け、またはその交付する証紙を貼る必要はない。

Q　ポスターの内容や使用方法などに制限があるか。

A　記載の内容については何ら制限はない。写真、標語などを入れたり、あるいは政見の発表、演説会の告知を行うなど、その使用は候補者の自由である。また色の使用も自由である。

また、ポスターの両面にそれぞれ記事を記載して掲示することも差し支えないが、この場合の計算は、表裏それぞれ一枚となる。一枚のポスターを二人以上の候補者が共同使用する場合は、各候補者につきそれぞれ一枚と計算、大きさもやはりタブロイド型を超えられない。

ポスターは一枚一枚が独立したものでなければならず、一枚に一字を書いて、数枚並べて貼ってはじめて一枚のポスターの役割を果たすような使い方、たとえば四枚のポスターに甲、山、乙、夫と一字ずつ記載して並べて貼る方法は違反となる。ただし、独立したものを並べて貼ることは何ら問題とならない。

Q　選挙運動用ポスターを個人演説会告知用に使用してもよいか。また、演説会の予定を並べて書いてもよいか。

A　いずれも差し支えない。

Q　このポスターは、どこへ貼っても違反にならないか。

A　次のような制限がある。したがって、それ以外の場所ならば差し支えない。

⑴　国もしくは地方公共団体が所有し、もしくは管理している施設または不在者投票管理者が管理している投票を記載する場所には貼れな

い。

ただし、橋りょう（鉄道の鉄橋や跨線橋は含まない）、電柱（電車、汽車の架線の支柱や照明灯の柱は含まれない）、公営住宅、町村で経営する食堂や浴場は承諾さえあれば貼ってもよいことになっている（法一四五①）。

(2)　他人の住宅や商店、会社、工場などに貼ろうとする場合には、その居住者、居住者のない場合は管理者、双方ともないときはその所有者の承諾を得なければ貼ってはならない。もしも、右の禁止に違反して貼ったものがあるときは居住者などにおいて撤去できることになっている（法一四五②③）。

(3)　公選法一四四条の二第八項に基づくポスター掲示場が設けられた場合には、その掲示場ごとに候補者一人につきそれぞれ一枚に限り掲示するほかは、掲示することができない。

なお、この場合、掲示場が国もしくは地方公共団体が管理する施設などであっても、ポスターを貼ることができる。

Q　承諾を得ないでポスターを板塀に貼った場合、その家の家人が勝手にはがしても選挙妨害にならないか。

A　ならない。これは、その建物の管理権の発動であって法律上認められている（法一四五③）。

Q　選挙運動用ポスターを他人の建物に貼る場合、居住者の承諾を得たうえで、使用料に名をかりて、不相当の現金を支払ったり、物品をおいてくるような場合は、買収となる場合がある。

え、建物使用料としてなにがしかの金品をおいてくるのは、買収となるか。

Q 県の地方事務所内にある農業協同組合の建物にポスターを貼ることができるか。

A その事務所が、県または当該地方事務所の所有もしくは管理に属する建物であれば、掲示制限に違反する。

Q 選挙運動用ポスターを、私鉄の駅の待合室や私営のバスに掲示してよいか。

A いずれも所有者または管理者の承諾のある限り差し支えない。ただし、バスや電車の場合、車体の外に貼れば頒布（回覧）の禁止に違反することになる。

Q 他の候補者が貼ったポスターの上に貼ることは許されるか。

A 選挙の自由妨害となるのでできない。

Q 既に掲示してある適法な選挙運動用ポスターの空白部分に、同候補の個人演説会の開催日時、場所を書いた紙片を新たに貼りつけることは、差し支えないか。

A 既存のポスターとの同一性が失われたり、あるいは貼付する紙片がそれ自体独立して効用を発揮すると認められる場合以外は、差し支えない。

Q 選挙運動に使用するポスターを貼りつけた自家用車を、自宅への行き帰りに使うことは許されるか。

A 文書図画の回覧に該当するので、禁止されている（法一四二⑫）。

Q 楕円、三角形、菱形のポスターを

A タブロイド型（長さ四二センチ、幅三〇センチ）の規格の枠内に入る

使用できるか。

ものに限り許される。

Q 選挙用ポスターを着色したベニヤ板に貼ってもよいか。

A 着色することにより、ポスターと板が一体化すれば規格制限違反となるおそれがある。

Q 選挙運動用ポスターを街頭に貼るかわりに、サンドイッチ・マンにもたせて歩かせることはどうか。

A 文書図画の回覧または掲示の制限違反となるのでできない。

Q 選挙運動用ポスターの作成費は、公費で負担される場合であっても、選挙運動費用に算入しなければならないか。

A 算入しなければならない。選挙運動費用収支報告書において、公費負担額は、収入については計上しないが、支出については計上することとなる。

(5) 脱法文書

Q 脱法文書の禁止とはどういうことか。

A 選挙運動のための文書図画の使用は、きわめて強い制限を受けている。

このため、選挙運動の期間中は名義のいかんを問わず、文書図画の頒布または掲示の禁止を免れる行為として、候補者の氏名、シンボルマーク、または政党、政治団体の名称その他特定の候補者を支持、推薦する者の名などを記載した文書図画を頒布しまたは掲示することができない（法一四六）。

この禁止規定を設けないと、文書図画の制限は何ら意味をなさないことになるからである。

脱法文書として禁止されるものは、単に候補者の氏名などを記載して一見選挙運動を目当てとしたことが明らかでないような文書図画で、外部的にはどんな形をとっているにせよ、投票獲得を狙いとするとみなされる文書図画が対象となる。

したがって、この禁止にふれるかどうかは、配ったり、掲示した時期、場所、内容、数量、文字の大小などいろいろな事実によって判断される。たとえば、選挙運動期間中に、「何々商事取締役何某」というように、候補者の氏名をことさら大書した営業広告を出したり、宣伝チラシを自己の選挙区内へ多数頒布、掲示するようなことは、脱法文書とみられる場合が多い。

＜行政判例＞

○陳謝ビラと文書頒布違反

個人演説会を所定の日に開催することができなかったことを市民に陳謝する旨を記載した陳謝ビラにすぎないものとしても、その記載内容自体から選挙運動に使用する文書であることが明らかな以上、その文書を頒布したときは、公選法第一四六条の禁止にふれる。（昭三〇・一〇・三一　東京高裁判決）

Q　候補者がその著述した書籍について、新聞またはポスターを使用して広告することは差し支えないか。

A　純粋に書籍の広告にすぎない場合は差し支えないが、脱法文書と認められる場合は違反となる。脱法文書かどうかは、時期、場所、内容、数量、文字の大小などから判断して、社会通念上妥当な程度かどうかによって判断される。

たとえば、書籍名より候補者たる著者の氏名のほうが大きく印刷されている場合などは違反と認められることが多い。

Q　候補者に就職を世話してもらった人が、その候補者の投票依頼の封書を有権者に送った場合は違反になるか。

A　認められた選挙運動用葉書以外はすべて違反になる。

Q　学校の先生が特定の候補者の略歴、写真の入った文書を、生徒全員に家に「持って帰るように」頒布した場合はどうか。

A　脱法文書頒布のおそれが強く、教育者の地位利用による選挙運動の禁止にも抵触する可能性が強い。

(6) 文書図画の撤去

Q　文書図画の撤去を命ぜられるのはどんな場合か。

A　文書図画に関する法律の規定に違反した場合は、それぞれ罰則が定められているが、掲示した文書図画に対しては、選挙管理委員会が撤去を命じることができることになっている（法一四七）。

撤去を命じられる文書図画は、次の場合である。

(1)　公選法一四三条の規定に違反して掲示された文書図画

選挙事務所、演説会場および自動車に取りつけて使用するポスター、立札、ちょうちん、看板の類で、大きさや個数の制限を超えるもの、アドバルーン、ネオンサインまたは電光による表示など禁止されているもの、あるいは演説会の終了後も放置されているものなどが該当する。

(2)　公選法一四四条の規定に違反して掲示されたポスター

選挙運動用ポスターで、制限枚数を超えたもの、選挙管理委員会の検印を受けない、または証紙を貼らないもの、規格を超えたもの、掲示責任者などの氏名などを記載しないものが該当する。

(3)　公選法一四三条一六項に規定する公職の候補者もしくは後援団体が当該公職の候補者などもしくは後援団体となる前に掲示された文書図画または一四三条一九項に規定する期間前もしくは期間中掲示された文書図画で同項の規定に該当するもの。

立候補の意思を有しなかったときに自分の氏名を入れた政治活動用文書図画を掲示していた場合などがこれに当たる。

(4)　公選法一四三条の二の規定に違反して撤去しないポスター、立札、ちょうちんおよび看板の類

選挙事務所を廃止したとき、選挙運動用自動車もしくは船舶を使用することをやめたとき、または演説会が終了したときに撤去しないポスター、立札、ちょうちんおよび看板の類がこれに当たる。

(5)　公選法一四五条に規定された掲示場所の制限に違反して掲示されたポスター

国もしくは地方公共団体の所有、管理に属する施設または不在者投票管理者の管理する投票を記載する場所に掲示したポスター、あるいは居住者、管理者などの承諾を得ずに他人の工作物に貼ったポスター

が該当する。たとえば、電力会社では電柱にポスターを貼ることを承諾しないにもかかわらず、電力会社の所有する電柱に貼ってあれば、これに該当し、取りはずしを命じられることになる。

(6) 公選法一四六条の規定に違反して掲示された文書

掲示されたあいさつ状とか、声明書とか、文書図画の掲示の禁止を免れる行為とみなされるものが、これに該当する。

(7) 選挙運動の期間前に掲示され、選挙運動の期間に入っても引き続きそのまま掲示されている文書図画で、公選法一四六条の脱法文書に該当するもの

Q 警察官は、脱法文書の撤去を命ずることができるか。

A 警察官には撤去を命ずる権限はない。ただし、犯罪の証拠物としては、選挙期日の告示の有無にかかわらず、掲示者またはその責任者の承諾を得て領置することができるし、また証拠収集のために差し押えることもできる。なお、選挙管理委員会が文書図画の撤去を命ずるときは、あらかじめその旨を警察署長に通報することとなっている。

〈行政判例〉

○選挙管理委員会が警察署から連絡のあった違反ポスターについてのみ撤去命令を出した場合における選挙の規定違反

公選法第一四七条によれば、選挙管理委員会は、違反文書図画について積極的にこれが取締をする職責を有しないものと解すべきであるから、選挙管理委員会が警察署から連絡のあった違反ポスターについてのみ撤去命令を出すこととしたため、特定候補者の違反ポスターに対してのみ右命令が出される結果となっても、選挙の

規定に違反するものとすることはできない。（昭三二・三・二八　東京高裁判決）

(7) 新聞、雑誌の報道・評論

Q 新聞、雑誌を利用して選挙運動ができるか。

A 新聞、雑誌の報道や評論は、いわば社会の公器であるから、そのような使命の下において行われる限りは自由であるが、ある候補者のために特にその投票を得させる目的で報道や評論を行うことは許されていないし、かつ、そのような目的に新聞、雑誌を利用することも許されていない。新聞、雑誌について公選法が定めている制限は、およそ次のような諸点である。

（報道・評論の自由）

1　選挙に関し、新聞、雑誌のする**報道および評論は自由**である（法一四八①）。

これは、新聞（これに類する通信類を含む）、雑誌の公器的使命にかんがみて、その報道あるいは評論が、結果において、ある候補者を支持することになったり、推薦することになったり、あるいは反対にわたることがあっても、そのため新聞、雑誌に制限を加えることは適当でないとみられるからであろう。ただし、新聞、雑誌が虚偽の事項を記載し、あるいは事実をまげて記載するなど、表現の自由を濫用して選挙の公正を害したときは処罰される。

（頒布・掲示の制限）

2　新聞、雑誌の**頒布、掲示の制限**（法一四八②）

選挙に関する評論やニュースが掲載された新聞、雑誌の販売を業とする者は、その新聞、雑誌を通常の方法で頒布することができるし、また、都道府県の選挙管理委員会が指定した場所に掲示することができる。

「販売を業」とする者とは、発行者はもちろん、元売り、小売り、立売りなどまで含まれる。また、団体の機関紙（たとえば「農協新聞」など）をその団体の構成員にくばることを仕事にしている者も含まれる。

次に、「通常の方法で頒布する」とは、くばり方、頒布先、部数、値段など、従来からやってきた方法で頒布することをいう。たとえば有料のものを無料にしたり、団体内部だけにくばっていたものを特に部外者にもくばったりすることは、通常の方法で頒布するものとは認められない。

（不法利用の禁止）

3　新聞、雑誌の**不法利用などの禁止**（法一四八の二①②）

当選したいとか、させたいとか、または他の候補者を当選させない目的をもって、何人も、新聞、雑誌の編集や経営を担当する者を買収し選挙に関する記事を記載させてはならないことと定められている。「買収」とは、金銭、物品その他財産上の利益を与えるとか、寄附をする旨を申し込んだり、約束したりすることや、または「ごちそう」したり、「そのうち一杯飲ませるから」と約束したりすることが、すべて買収になり、五年以下の懲役または禁錮に処せられる。「編集、経営を担当する者」とは、たとえば社長、編集長のように新聞または雑誌の報道、評論に事実上影響をもつ地位にある者をいい、記事の材料を集めてまわる取材記者は含まれないものと解されている。

（地位利用の禁止）

4　新聞、雑誌の**地位利用の禁止**（法一四八の二③）

新聞、雑誌の編集その他経営上の特殊の地位にある者は、その地位を利用して、ある候補者のため、有利になるような選挙運動のために報道、評論を掲載し、もしくは掲載させることはできない。「特殊の地位」という中には大株主も含まれる。「地位を利用」とは、いわば私的な動機に基づいて不当にその地位を利用したような場合をさす。

（人気投票の公表禁止）

5　**人気投票の公表禁止**（法一三八の三）

何人も選挙に関し公職に就くべき者を予想する人気投票の経過または結果を公表することができないとされている。人気投票というのは、投票期日前にその選挙において、誰が当選するかの予想投票をすることである。これは特定候補者のために行うものでなくても違反であるし、現実に立候補しているかどうか、本人にその意思があるかどうかを問わない。客観的に立候補するだろうと予想されている者にかかる人気投票なら、すべてこの禁止規定に違反する。

＜行政判例＞

○**「新聞紙を通常の方法で頒布する」の形態**

新聞の発行、販売者が、選挙に際し、従来行っていた郵送の方法によらないで、特定の候補者の当選に有利な事項を掲載してその発行にかかる新聞紙数百部を氏名不詳者数名に交付し、町内に頒布させた行為は、公選法第一四八条第二項にいう新

聞紙を通常の方法で頒布したことにあたらない。（昭三〇・二・一六　最高裁判決）

Q　ここでいう「新聞、雑誌」というのは、どんな新聞、雑誌でもいいのか。

A　選挙運動の期間中および選挙の当日にあっては、次のような制限があり、これにあてはまらないものは、たとえ「○○新聞」という名であっても、当然、選挙に関する記事や評論をのせることができない（法一四八③）。

(1)　新聞にあっては毎月三回以上、雑誌にあっては、毎月一回以上、号を逐って定期に有償頒布するもの。

(2)　第三種郵便物の認可のあるもの。

(3)　(1)と(2)の条件を選挙の告示の日の一年以上（時事に関する事項を掲載する日刊新聞は六月）前から備え、引き続いて発行してきたもの。

右の(1)、(2)、(3)の条件を備えた新聞、雑誌を発行する者が発行する新聞、雑誌で、発行してから一年も経ていないが、(1)、(2)の条件を具備したものも、同様に取り扱われる。

Q　「新聞、雑誌とみられるもの」というのはどんなものか。

A　新聞に類する通信類というのは、「○○通信」というように、「新聞」という題名を用いなくても、その実質において新聞と同じようなものをさす。また、新聞の場合、号外も含まれるが、常識的に考えて単なる選挙運動のためだけとみられるものは含まれない。壁新聞、電光ニュース、ニュース映画は新聞ではない。官報、広報（公報）も新聞、雑誌とはみられない。単行本、パンフレットも同様である。

〈行政判例〉

○「新聞紙」の意義

公選法第一四八条第一項の新聞紙とは、特定の人又は団体により、一定の題号を用い、比較的短い間隔をおき、号をおって定期的に印刷発行される報道及び評論を主たる内容とする文書であって、不特定又は多数人に広く頒布されるものと解すべきである。（昭三五・一〇・三一　東京高裁判決）

Q　校友会雑誌は、公選法一四八条にいう雑誌に含まれるか。

A　含まれる。

Q　ローカル新聞が選挙の予想記事をのせることはどうか。

A　公選法一四八条にいう「新聞紙」と認められているもので、報道、評論の範囲内ならかまわない。

Q　「報道」、「評論」とはどんなものか。

A　「報道」とは、事実を客観的にありのまま知らせることであり、「評論」とは、事実に対して批評、論議することを意味する。

〈行政判例〉

○「報道」、「評論」の意義

公選法第一四八条に規定する「報道」とは、選挙に関する客観的事実の報告であり、「評論」とは政党その他の団体、候補者その他のものの、政策、意見、主張、選挙運動その他選挙に関する言動を対象として論議、批判することを指すものと解する。即ち、ある政党、政治、及び経済等に関する団体、労働組合、選挙候補者、運動員その他の者が、選挙に関し如何なる政策を発表したか、如何なる意見、主張を述べたか、あるいは、如何なる候補者が立候補したか、ある候補者を誰が支持、推せんし、誰が反対したかというような事実を報告として掲載するのが同法条のいわゆる「報道」であり、前記諸団体又は候補者等の政策その他の意見、主張や、選挙運動その他選挙に関する言動を論議し、批判し、賛否の意見を述べたり、あるいは批判の対象とした特定の政党、政治団体又は特定の候補者を支持、推せん、若しくは反対する等の意見、主張の記事は、同条の「評論」に該当するものと解すべきである。（昭三五・七・一四　東京高裁判決）

Q　「有償頒布するもの」とは、どういうものをいうか。

A　一般の新聞や雑誌のごとく営利の目的をもって販売されるものはもとより、政党、組合などの団体の発行する機関紙、機関雑誌のごとく、その構成員にのみ無償で頒布されるものであっても、その発行頒布の経費が、構成員から徴収した党費、組合費、会費などによって支弁されているものもこれに含まれる。

10　言論による選挙運動

Q　言論による選挙運動とはどんな方法をいうのか。

A　新聞、雑誌や、ポスターなど文書図画による運動も、やはり、ひろい意味では言論運動といえるが、公選法で特に言論という意味は、文書図画によらない言論、つまり、演説や録音盤、放送など音声による言論運動という意味である。

Q　言論による運動にも制限があるか。

A　言論による運動は、文書図画による運動とともに、選挙運動の中心を占める重要なもので、文書図画による運動が、公選法上、かなり強い制限を受けているのに反し、言論による運動は比較的自由である。しかし、勝手なことをして秩序が乱れることのないように、やはりいろいろな制限がある。街頭演説については早朝夜間はできないとか、学校や公会堂を使うときはいろいろな手続きが必要であり、また、連呼行為も一定の場合に限られている。

Q 演説会と街頭演説とはどう違うか。

A (1) 演説会というのは、候補者とかその応援者とかが、選挙運動の一環として、学校の講堂、映画館など（特定の場所という）に、聴衆（不特定多数の人）を集めて演説を行う集会をいう。この特定の場所というのは、屋内であろうとなかろうとどちらでもよいが、集会である以上、聴衆が演説を聞こうという共通の目的で集まっていることが必要である。したがって、映画館の休憩時間などを利用して、候補者があいさつしても、あらかじめ予告して人を集めておいたものでない限り、演説会とはいえない。

(2) 次に、街頭演説というのは、街頭または広場、公園、空地などで、そこらあたりにいる人びとに向かって行う選挙運動のための演説のことである。この場合、演説者がそのまわりにいる人を相手に演説してさえいれば、聴衆がいようといまいと、また人びとが聞こうとしていようといまいと、街頭演説といえる。また、演説者が屋内にいても、聴衆の大部分が街頭または広場などにいれば、やはり街頭演説である。

Q 連呼行為というのは何か。

A 選挙運動のため、ある候補者の氏名、政党、政治団体の名称、または演説会もしくは街頭演説のあることを知らせるため、短いことばを連続して呼称することである。つまり「〇〇候補です。お願いします」とか

「○○候補の演説会がどこそこで開かれます」あるいは「○○党、○○党に是非一票を」といった言葉を連呼することであり、屋内屋外を問わない。なお連呼行為は、選挙運動のために使用する自動車の上（午前八時から午後八時までの間に限られる）および演説会場か街頭演説（演説を含む）の場所以外では禁止され、街々を叫んで歩くようなことはできない。また連呼行為ができる場合でも、学校、病院、診療所その他療養施設の周辺においては、静穏を保持するように努めなければならない（法一四〇の二）。

Q　連呼行為は演説会場ではよいとされているが、演説会場の窓から外に向かって、通行人に呼びかけることはよいか。

A　できない。

（1）個人演説会

Q　個人演説会とは何か。

A　個人演説会とは、候補者の政見発表、候補者への投票依頼などの選挙運動のために候補者個人が開催する演説会である（法一六一）。

Q　個人演説会は自由にできるか。

A　町村議会議員選挙の場合と、衆議院議員選挙などの場合とでは、個人演説会の制限について大変相違がある。総選挙などでは、同時に五か所以内しか開催できないなどの制限があるが、町村議会議員選挙では比較的自由に認められている。つまり、①開催回数には制限がないので、法定選挙費用額の範囲ならば何回でも開催でき、②開催手続きを要する場合と要しない場合とがあり、③開催の告知は候補者の負担においてなすべきであり、④演説会では代理演説も録音盤の使用も許される（法一六四の四）。

Q 合同演説会を開いてもよいか。

A 第三者主催の候補者合同演説会などは開催できないが、各候補者が主催する合同個人演説会の形式をとれば差し支えない（法一六四の三）。

Q 個人演説会ではどんな公営施設が使用できるか。

A 候補者は個人演説会を開くために、学校、公会堂などを使用することができ、その場合、演説会開催に必要な設備は、それら施設の管理者が用意することになっている。

使用できる公営施設は次のとおりである（法一六一）。

（学校・公民館）

(1) **学校および公民館**

この場合、厳密にいえば、学校とは学校教育法で規定する学校、すなわち、小学校、中学校、高等学校、中等教育学校、高等専門学校、大学、特別支援学校（盲学校、聾学校、養護学校）、幼稚園および就学前の子どもに関する教育、保育等の総合的な提供の推進に関する法律で規定する幼保連携型認定こども園であって、洋裁学校や技芸学校などいわゆる各種学校は含まれない。また、公民館とは、社会教育法で規定する公民館をいう。

（公会堂）

(2) **地方公共団体が管理する公会堂**

（選管が指定した施設）

(3) **町村の選挙管理委員会が指定した施設**（町村の選挙管理委員会から都道府県の選挙管理委員会へ報告され、指定施設の告示がなされるか

ら、一般に知ることができる）

これらの施設を無料で使用できるのは、候補者一人につき、各施設一回限りと制限されている。したがって、再びＡ学校を使う場合は、所定の使用料を納めなければならないが、別のＢ学校でやる場合は、一回だけ無料である（法一六四）。

Q　公営施設を使用する個人演説会の開催手続きはどうすればよいか。

A　公営施設を使用して個人演説会を開催しようとする候補者は、開催予定日の前二日までに、文書（様式は各都道府県の選挙管理委員会が定める）で、①使用する施設、②開催する日時、③候補者の氏名、を施設所在地の町村選挙管理委員会へ申し出る（法一六三）。

そしてこれらの施設で本来の行事（学校ならば授業、研究など）に支障がなく、他の候補者の申出とかち合うことがなければ、施設の管理者から候補者に対して、申出の日時に施設を使用してよい旨の通知があるから、候補者はその日時にその会場へ行けば個人演説会が開催できるわけである。なお、支障があってその施設を使用できない場合にも、その旨管理者から候補者に通知がある。

Q　他の候補者の申出と、場所や時間がぶつかったときはどうなるか。

A　同一施設を同一日時に使用したい、という申出が二つ以上重なった場合には、①後から申し出てきた者、②申出が同時だった場合は、その施設をその時までに使用した回数が多い者、③その回数も同じ場合は、その町村の選挙管理委員会がくじで定めた者が、希望する日にその施設を使用して個人演説会を開くことができないことになる（令一一三）。

Q　個人演説会の施設を使用する時間はきまっているか。

Q　個人演説会の施設の費用はどうなるか。

A　公営施設を使用する場合は一回について五時間以内とされている（令一一二③）が、公営施設以外の施設を使用する場合は時間制限はない。

A　公営施設使用の個人演説会を開催する場合、その施設（設備を含む）の使用料は、候補者一人について、同一施設ごとに一回限り無料である（法一六四）。したがって、自分の選挙区内に個人演説会用の公営施設が五か所あるときは、五回まで無料の個人演説会が開催できることになる。同一施設について、二回目以後の使用の際は、あらかじめ管理者に必要な費用を納付しなければならない（令一二〇①）。納付しないときは管理者は必要な設備をしなくてもよいことになっている（令一一九①ただし書）。

なお、この納付金は、候補者が使用予定日の前二日までに使用取消しを申し出た場合、または天災などやむを得ない事情で使用できなくなった場合には候補者に返還される（令一二〇②）。この納付金の額は、管理者が町村の選挙管理委員会の承認を得て定め、あらかじめ公表することになっている（令一二一）。

施設の管理者（学校ならば校長）は、候補者の施設使用の申出が選挙管理委員会から通知されたら、個人演説会に必要な照明、演壇、聴衆席などの設備をしなければならない。この設備をどの程度にするかはその施設、設備の使用に関する定めとともに、管理者が、町村の選挙管理委員会の承認を受け、あらかじめ、これを公表しなければならないことになっている（令一一九②）。

候補者としては、右に定めた設備のほか、自ら個人演説会の開催のため必要な設備、たとえば演壇にスローガンを貼るとか、弁士の名をぶらさげるといった設備をすることができる（令一一九③）。また、候補者またはそのために選挙運動をする者が、個人演説会の施設または設備をこわした場合には、その候補者がその損害を賠償し、または施設、設備をもとのような形に回復しなければならない（令一二二）。

Q　公営施設を使用しないで個人演説会はできないか。

A　できる。候補者は、いままで述べた公営施設以外の施設、たとえば、劇場とか、映画館とか、ホールなどの施設を、その施設の所有者なり管理者から借りて、個人演説会を開催することができるし、また運動期間中ならば回数に制限なく、何回でも行うことができる。ただし、法定選挙費用の制限を受けることはもちろんである。

＜行政判例＞

○非公営施設使用の許否

公営施設でない会館の管理者が、その会館を、ある候補者側の使用申込みを容れて演説会に使用させ、他の候補者側には申込みに応じなかった事実があっても、選挙の規定に違反しない。（昭三四・四・三〇　福岡高裁宮崎支部判決）

Q　個人演説会では誰でも演説できるか。

A　個人演説会では、候補者自身はもとより、候補者以外の者でも演説することができる（法一六二）。そのほか候補者の主催でありながら、候補者自身は出席せず、候補者以外の者のみが演説をすることもできるし、費用についてあらかじめ出納責任者の承諾（文書による）を得てお

Q　個人演説会で他の候補者のための演説をしてもよいか。

Q　演説する人数に制限があるか。

Q　個人演説会を同一町村内で同一時間に二か所以上行い得るか。

Q　公営施設使用の個人演説会を開催するに当たり、人寄せの目的で、会場において料金を徴収して浪曲を聞かせることができるか。

Q　個人演説会で録音盤を使ってもよいか。

けば、候補者が主催するものである限り、候補者以外の第三者がその候補者のために演説会を開催し、候補者以外の者ばかりで演説をすることもできる。

A　個人演説会の趣旨は、その候補者自身の選挙運動として演説をすることが建前であるから、自分をさしおいて、もっぱら他の候補者のための選挙運動となるような演説は許されない。しかし候補者自身のためにした演説の内容が、たまたま他の候補者の選挙運動となることがあっても、直ちに違法とは解されない。

A　制限がないから何人の演説者が演壇に立ってもよいが、ただ公営施設の使用時間は、一回につき五時間を超えることができないから、おのずから限度があるわけである。

A　できる（演説者は候補者に限られていない）。

A　差し支えないが、個人演説会開催申出のほか、別に浪曲を行うことについて、その公営施設の管理者の許可を得なければならない。ただ、無料あるいは通常の料金以下で浪曲などを聞かせることは、利益供与となり、買収罪で処罰されることがあるから注意すべきである。映画を上映する場合でも同じである。

A　差し支えない。これは公営施設以外の場所でやるときも同じである（法一六四の四）。

したがって司会者だけで、演説者が一人も会場に現われない個人演説会もあり得るわけである。

Q　普通のレコードやテープレコーダーを使ってよいか。

A　録音盤にはテープレコーダーを含む。また、録音盤の使用に当たり、ひろく聴衆に聞かせるよう拡声機を使用することもできるが、拡声機の使用台数制限に留意が必要である。

なお、録音盤を使用して聴衆に聞かせることができるのは「演説」であり、浪曲や歌謡曲などを無料で聴衆に聞かせた場合は、利益供与で処罰される場合があるから注意を要する。

Q　次の演説会場へ拡声機や看板を運ぶため自動車などは使えないか。

A　町村議会議員の選挙の場合、選挙運動用自動車一台、拡声機は一揃い、他に個人演説会場で使用する拡声機が別に一揃い使用できることは、すでに述べた。

したがって、拡声機や立看板などを演説会場から他の演説会場へ運ぶ場合、選挙運動用自動車を使用することはもちろん差し支えない。

またやむを得ない場合、臨時に自家用自動車を使用したり、ハイヤーなどを雇って使用することも禁止されていない。ただ、それが程度を超え、主として選挙運動のために使用しているような場合は、自動車の使用制限に違反するから注意しなければならないが、実際にどれだけ使用して差し支えないかは、その場合、その場合の状況によるので、一概にはいえない。

Q　拡声機は同時に何台使えるか。

A　町村の各選挙の場合、拡声機は一揃いに限られているが、個人演説会の開催中はその会場で別に一揃い使用できる。したがって、たとえば同時に二か所の会場で拡声機を使って同一候補者の個人演説会が開催されていれば、各会場ごとに一揃いずつ計二揃いの拡声機が使用できるから、演説会の開催中でも、この候補者のために他の場所で拡声機を使用した街頭演説（選挙管理委員会の表示のあるもの）その他の運動ができるわけである。

Q　個人演説会の知らせ方はどうすればよいか。

A　個人演説会の開催について選挙人に知らせるのは、候補者の仕事である。

その方法は、いわゆる選挙運動用ポスターや選挙管理委員会に届け出た選挙運動用ビラを用いて行うのが通常の方法であるが、そのほかに標旗を掲げて行う街頭演説や、その場で行う連呼行為などを利用して口頭で選挙人に知らせておくことができる。また、電話やホームページで「今夜○○小学校で××候補の演説会があります」と知らせることも差し支えないが、選挙人の居宅を戸別訪問して周知することは許されない。

Q　公営施設を無料で使用して行う演説会の場合も、候補者が告知しなければならないか。

A　個人演説会の開催告知は、すべて候補者の仕事である。

Q　演説会告知用ポスターは使えないか。

A　一般の選挙運動用ポスターの他に告知用ポスターを使うことはできない。

Q 演説会場で掲示できる文書図画は何々か。

A (1) 会場の内部では、ポスター、立札および看板の類が数及び規格に制限なく掲示することができるほか、ちょうちん（高さ八五センチ、直径四五センチ以内）を掲示することができる。ただし、ちょうちんは一会場一個に限られているので会場外に出した場合は、内部には掲示できない。また、屋内の演説会場内においては、その演説会の開催中、映写等の類を掲示することができる。

(2) 会場の外では、(1)のポスター、立札および看板の類を通じて二個、ちょうちんを一個掲示することができる。なお、会場内にちょうちんを掲示した場合には、会場外には掲示できない。「通じて二」というのは、たとえばポスター、立札各一か、立札二ということである（法一四三）。

Q 個人演説会周知のため、各戸をまわってふれ歩くことができるか。

A できない。

Q 農協、漁協の集会で候補者が演説することは、個人演説会か。

A 候補者の選挙運動のために招集したものでなければ単なる演説であって、個人演説会ではない。

Q 自治会が主催して個人演説会を開くことができるか。

A できない。個人演説会は候補者の主催するものしか開けないことになっている。

Q 候補者と無関係の村民大会席上において、第三者が候補者のメッセージ（内容が選挙運動のためのもの）

A 単なる幕間演説とみなされる場合は違反とならないが、その村民大会の目的がメッセージを読むことを目的としていた場合など、選挙運動のための演説会としての実態を備えるものと認められるときは、公選法一

を代読する行為は、法定外の演説会の禁止違反となるか。

六四条の三の違反となる。

(2) 街頭演説

Q 街頭演説とはどういう場合か。

A 街頭またはこれに類似する場所（たとえば駅前広場、公園、空地など）で、不特定多数の人に向かってする選挙運動のための演説をいう。これは屋内から屋外に向かってする場合も含まれる。街頭演説は、不特定多数の人になされる点で個々面接とは異なる。

Q 街頭演説をするにはどんな制限があるか。

A 演説者がその場所にとどまり、かつ、選挙管理委員会から交付された一定の標旗を掲げていなければ行うことができない（法一六四の五）。なお、長時間にわたり、同一の場所にとどまってすることのないように努めなければならない（法一六四の六③）。

Q 流し演説はできないか。

A 街頭演説であるためには、演説者がその場にとどまってすることを要する。「とどまる」とはその場所にじっと立っているというのではなく、常識的に一定の演説をしている場所と認められるところの外に移動しないということを意味する。したがって、道路を歩きながら演説するとか、走っている自動車上から演説するなど、いわゆる流し演説は違反となる。

Q 標旗はどんなものでもよいか。

A 街頭演説を行う場所では、一定の標旗を掲げていなければならないが、この標旗は、候補者一人について一本ずつ立候補届出の際、選挙管理委員会が交付する。この様式は、各選挙管理委員会が定めることになっていて勝手に作ったものではいけない。この標旗は、当該公務員（選挙管理委員会の職員、警察官など）の請求があった場合には、提示しなければならない。

Q 選挙事務所内から街頭に向かって演説する場合でも、標旗は必要か。

A 選挙事務所から街頭へ向かって演説する場合も、やはり街頭演説であるから、標旗がなければ演説できない。

Q 街頭演説は何人でもやれるか。

A 街頭演説において、選挙運動に従事する者（労務を提供する者を含むが、選挙運動用自動車の運転者一人は除く）は、候補者一人について一五人を超えてはならず、しかもこれらの選挙運動従事者は、各選挙管理委員会が定める一定の腕章をつけていなければならない（法一六四の七）。

Q 一五人以外に予備員をおき、腕章を交代で使用して街頭演説を行うことは差し支えないか。

A 街頭演説の場所では一五人（候補者、運転手等を除く）以上が存在することを許さない趣旨だから、予備員という名称でも、一五人以上の者がその場にいることは許されない。

Q 街頭演説を行う場合、候補者は一五人の制限内の人数に入るか。

A 含まれない。候補者と運転手を除き、選挙運動員と労務者などだけで一五人を超えてはならない規定である（法一六四の七）。

Q 街頭演説でも録音盤の使用ができるか。

A 街頭演説でも、個人演説会と同様、選挙運動のため録音盤を用いて演説することができる。したがって、司会者だけがいて、演説者はその場にいなくても、録音盤を使えば演説をなし得る（法一六四の四）。

また、標旗を掲げ、腕章をつけておれば、誰でも街頭演説をすることができ、候補者自身がいなければできないわけではない。

Q 街頭演説の場合、選挙運動に従事する者は一定の腕章を着けなければならないが、自動車の運転手も腕章を必要とするか。

Q 街頭演説で録音盤を使用する場合、そのレコードに吹き込んだ者は一五人の中に数えられるか。

Q 直接本人が街頭に立って口頭で演説するのではなく、他の建物内にいて、そこから拡声機を用いて演説しても街頭演説として許されるか。

Q 街頭演説の場所で、候補者の氏名が入ったビラを頒布してもよいか。

Q 「街頭演説の場所」というのはどういうことか。

A 必要としない。

A 算入されない。

A 差し支えない。演説も連呼行為も、直接に口頭でするだけでなく、録音盤、拡声機などを使っても、やはり演説であり連呼行為である。ただし、街頭の広告放送を使って行うことは、禁止されている。

A 公選法で頒布が認められている選挙運動用ビラであれば差しつかえない。（ただし、令和二年一二月一一日以前に告示される町村議会議員選挙では認められない。）これ以外のビラを頒布することは違反文書頒布になる。

A 街頭演説の場所というのは、その場所と場合について個々に決定されるべきもので一口にはいえない。

また、街頭で候補者の演説を吹き込んだ録音盤をかけるだけでも、街頭演説であるから、その録音盤をかけている間は、その場所に選挙管理委員会から交付された標旗を掲げておかなければならない。

街頭演説の場所で候補者が、タスキや胸章などを使用することは差し支えなく、またその場所に、選挙運動用自動車に看板などを取りつけたまま停めておいてもよい。

Q　街頭演説中、その場で労務者が仮装してプラカードまたはポスターを掲示することは許されるか。

A　仮装することは、気勢を張る行為にならない限り差し支えないが、プラカード、ポスターなどを掲示することはできない。

Q　街頭演説の際、日の丸を立ててよいか。

A　差し支えないが、それがひどく大きいものであったり、数が多かったりする場合には気勢を張る行為と認められることもある。

Q　夜間は何時まで街頭演説ができるか。

A　街頭演説は、午後八時までとされている。それ以後、翌日午前八時までの間は、何人といえども行うことができない。したがって、街頭演説の場所で許されている連呼行為についても、同じくその時間内は禁止されている（法一四〇の二・一六四の六）。

Q　特定候補者の街頭演説告知のため、第三者が、個人商店の拡声機を使用することは差し支えないか。

A　差し支えないが、この場合の拡声機は主として選挙運動のために使用するものと認められ、その使用のための費用の支出について、あらかじめその出納責任者の文書による承諾が必要であり、かつ拡声機の使用制限に従って、選挙運動用の一揃いに数えなければならないから、その際は持参した拡声機は休止し、所定の表示をつけ替えておかねばならない。

Q　同時に街頭演説を数か所で行っても差し支えないか。

A　標旗は一本しかないから一か所でしかできない。

Q　演説はどこでやってもよいか。

A　法律では次の三つの場所で演説することを禁止している（法一六六）。

(1)　**（公共施設内の禁止）**

国、地方公共団体が所有もしくは管理する建物では、公営施設使用による個人演説会を開催する場合を除いて、何人も、選挙運動のために演説を行うことができない。これは、公務の執行に支障をきたすおそれがあるからであろう。建物は、建築物そのものであって、敷地などは含まれないと解される。したがって、小学校などの場合、講堂、校舎などはこの制限に含まれる建物とみられるが、学校の校庭はこの制限外である。

そこで、候補者が校庭などの構内で個人演説会を開く場合、選挙管理委員会に届出をしなかったとしても、それは届出違反にはなるが、ここでいう特定建物での演説禁止違反とはならない。しかし、講堂などで開く場合には、届出をしなかったときは、届出違反と同時に、特定建物での演説禁止にも違反することになるのである。

なお県営、市営などの公営住宅は、地方公共団体の所有管理する建物ではあるが、この制限から除外されている。

(2)　**（公衆の交通機関等内の禁止）**

汽車、電車、乗合自動車、船舶（選挙運動用船舶は除く）および停車場その他鉄道地内では、何人も選挙運動のための演説をすることができない。これら公衆の交通機関およびこれに準ずる施設で、選挙運動をすることは、利用者の迷惑であるばかりでなく、場合によっては交通上その他危険なこともあるので、禁止されたのである。

　鉄道地内とは、鉄道が所有し、あるいは管理する土地で、鉄道の安全、運転の保安に直接関係ある地域および乗降客、荷貨物の整理取扱いなどのための営業上必要な地域をいうものとされ、たとえば駅前広場など一般人の自由に通行しうるような場所は、鉄道に所有権あるいは管理権があるとしても一般にここにいう鉄道地内には含まれない。しかし、このような駅前広場でも、乗降客、荷貨物の整理取扱い上などに必要な地域は、鉄道地内に含まれるものとされる。また、汽車、バスなどの中で乗客に対し「○○候補に投票を願います」という行為も、個々面接の範囲を超えている場合は、この条項に違反する。なお、市街電車の停留所は、ここでいう「停車場」ではないから、制限されない。

（病院等内の禁止）

(3)　病院、診療所、その他の療養施設では、何人も選挙運動のための演説をすることができない。

　これらの施設では特に静けさを必要とするから禁止されているもので、建物などの内部だけでなく、その構内にある庭、空地なども含まれる。

　なお按摩《あんま》、鍼《はり》、灸《きゅう》などの診療所は、禁止される療養施設には含まれないと解されている。

〈行政判例〉

○特定建物での市職員家族慰安会における挨拶が選挙運動のためにする演説に該当するとされた事例

衆議院議員総選挙に際し、候補者甲山乙夫に当選を得させる目的をもって、県の所有するスポーツセンター建物内において開催された市職員家族慰安会の席上で、市労連委員長代理として挨拶した際「市労連では、今度の選挙に乙党の甲山委員長を推薦しているので、皆さん甲山委員長をよろしくお願いする。」旨の演説をした被告人らの各所為は公選法第一六六条、第二四三条第一〇号の罪の違法性に欠けるところはなく、本件建物の性格、慰安会の性質、被告人らが挨拶するに至った経緯、挨拶の内容、その相手等は、右違法性を失わせる事情となるものということはできない。（昭五二・二・二四　最高裁判決）

Q　街頭演説を行う場合、町村役場内にある電気施設を利用して、持参した拡声機のコードをとりつけ、電気の供給を受けて演説することは、特定建物での演説禁止に違反するか。

A　許可を受けて使用するものであればよい。

Q　鉄道地内にある日通の所有管理する建物内で演説し、拡声機のスピーカーを駅の入口などに設置してこの演説を聴かせることはどうか。

A　日通の建物で演説することは差し支えないが、スピーカーを駅の入口など鉄道の管理区域内に設置して演説する行為は、鉄道地内での演説の制限に違反するものと認められる。

Q　鉄道の敷地に隣接する場所において演説することはどうか。聴衆が鉄道敷地内にいてよいか。

A　駅前広場のごとき一般公衆の自由に往来するような場所については規制されるところではないが、鉄道敷地内にいる人々に向かって演説を行う場合には違反となるおそれがある。

Q 他の行事や業務の休憩時間を利用して行う演説はよいか。

A 映画や演劇の幕間、野球試合の休憩時間または会社、工場などの休憩時間を利用して行う選挙演説は、一般に自由である。ただ、他の選挙の投票日、特定の建物、施設における演説禁止などの制限にふれないように注意すればよい。この場合、その演説を行うことを前もって聴衆に予告することは、演説会のかたちをなすものと認められることがある。

（3）**演説会の制限等**

Q 個人演説会や街頭演説は、いつやってもよいか。

A 選挙運動期間中であっても、次のような制限がある（法一六四の六・一六五の二）。

（1）街頭演説は、夜間（午後八時から翌日午前八時まで）はできない。

（2）他の選挙の投票が行われている場合は、その投票所を閉じる時刻までは、その投票所の入口から三〇〇メートル以内ではできない。

Q テレビまたはラジオの放送を利用して、演説はできないか。

A 町村議会議員選挙の場合はできない。

Q 工場などの職場放送を利用することは差し支えないか。

A 有線、無線を問わずいっさいの放送設備の利用が禁じられており、職場放送等の共同聴取放送設備の利用も禁止される。

これに対して劇場、公会堂などの拡声装置は、いわゆる拡声機である限り、所定の手続きをふめば、選挙運動に利用することができる。

なお電話は、禁止されていない。

（4）**連呼行為**

Q 連呼行為はどんなときに許される

A 公選法で連呼行為が認められているのは、次の場合だけである（法一

か。

Q　連呼行為は以上の場合なら、どんな場所でもできるのか。

四〇の二）。

(1)　個人演説会場でする場合

(2)　街頭演説（演説を含む。）の場所でする場合

(3)　選挙運動のために使用できる自動車、船舶の上からの場合。ただし、午前八時から午後八時までで、このほかの時間はできない。

A　右の場合であっても、次の区域、建物および施設では、連呼行為は禁止されている。

(1)　二以上の選挙が行われる場合において、一の選挙の選挙運動の期間が他の選挙の選挙の期日にかかる場合においては、その当日当該投票所を閉じる時刻までの間は、その投票所を設けた場所の入口から三〇〇メートル以内の区域（法一六五の二）

(2)　国、地方公共団体の所有しまたは管理する建物（公営住宅を除く）。ただし、これらの建物において個人演説会を開催する場合は禁止されない（法一六六）。

(3)　汽車、電車、乗合自動車、船舶（選挙運動用のものを除く）および停車場その他鉄道地内（法一六六）

(4)　病院、診療所その他の療養施設

なお、学校（学校教育法一条でいう学校及び就学前の子どもに関する教育、保育等の総合的な提供の推進に関する法律二条七項でいう幼保連携型認定こども園）および病院、診療所その他の療養施設の周辺では、

静穏を保たなければならないときめられている（法一四〇の二②）。

Q　投票依頼でなく、演説会があることを一般に知らせるだけでも連呼行為になるか。

A　連呼行為とは、「短時間内に同一内容の短い文言を反覆呼称すること」をいうのであるから、たとえ演説会のあることを一般に知らせるためであっても、右に該当するときは連呼行為となる。

Q　映画館の休憩時間に候補者が演説しているとき、その館内で行うのはどうか。

A　差し支えない。

Q　畑で働いている人に道路から大きな声であいさつするのはどうか。付近の畑の人にも聞こえるようなら連呼行為になるか。

A　繰り返しやれば連呼行為と認められることがある。

Q　街頭演説において連呼行為を行う際、何人でやってもよいか。

A　候補者、選挙運動用自動車の運転手一人および船員を除いて候補者一人につき一五人に限られ、それぞれ選挙管理委員会が交付する腕章を着けていなければならない。

Q　その一五人には労務者も含まれるか。

A　含まれる。

Q　演説会の開催に際して会場の門や窓から外の道路に向かって叫ぶことができるか。

A　できない。

Q　一つの演説会場から次の会場へ移

A　演説会場内の聴衆に向かってなされる限り可能であるが、外に向かっ

る際、会場の出口で帰っていく聴衆に向かって連呼するのはどうか。

てはできない。

Q　停車場など通行ひんぱんな場所に一〇名くらいが立ち、通行人に対して小さい声で「〇〇候補に投票願います」という行為はどうか。

A　個々面接の範囲でやるならよいが、この場合はその限度を超えているときは違反になる。

Q　演説会の告知だけを目的に、所定の標旗と腕章を携帯した運動員が「本日の〇時から〇〇において、〇〇候補の演説会がありますから、お集まり下さい」と繰り返し告知する行為は、連呼行為にならないか。

A　「連呼行為」を定義づけるとすれば、前出のように「短時間内に同一内容の短い文言を反覆呼称すること」ということであるから、演説会の告知であっても、これに該当するときは連呼行為となる。演説を行わず連呼だけ行うとか、連呼が主体で演説が従であるような場合は、脱法行為と認められるであろう。

Q　選挙運動用自動車から、録音盤（候補者および乗車中の選挙運動者以外の者の音声を収録したもの）を使用して選挙運動のための連呼行為をすることは、差し支えないか。

A　差し支えない。

第4章――当選・落選

1　当選の決定

Q　当選人と決定されるのは、どのような場合か。

A　「選挙において、有効投票の最多数を得た者をもって当選人とする」とされ、さらに当選人となるためには一定数以上の得票がなければならないとされている（法九五①）。つまり、選挙において当選人となるためには、一定数以上の得票（これを法定得票数といっている）があり、かつ得票順位が、選挙すべき議員の定数の範囲内であることが必要である。町村議会議員の法定得票数は、「当該選挙区内の議員の定数（選挙区がないときは、議員の定数）をもって有効投票の総数を除して得た数の四分の一以上の得票」と定められており、また、選挙すべき定数の範囲の最下位の得票順位の人が二人以上ある場合（得票数が同じ）は、選挙会において、選挙長がくじで当選人を決定することになっている（法九五②）。

そこで町村議会議員選挙の場合の法定得票数算出方法の一例をあげる

と、ある町の議員定数は三〇人で、有効投票は九、六〇〇票であったとすれば、

$$\frac{9,600}{30} \times \frac{1}{4} = 80$$

となる。したがって八〇票以上の得票がないと、かりに得票順位が二九位であっても、当選人にはなれないことになる。

なお、候補者の数が議員定数を超えない場合は、候補者全員が無投票で当選人となる（法一〇〇）。

＜行政判例＞

○選挙長がくじで当選人を定める場合にくじの方法が違法とされた事例

くじは人の意思決定を純粋に客観的な偶然にかからしめることを目的とするものであるから、その実施に当っては主宰者及び第三者の意思が加わらないよう配慮すると共に、その選択は専ら抽せん者の意思のみにかからしめるを当然とする。既に席の定まった抽せん者の前にくじ封筒を並べるときは自己の前面のくじを捨て他の人の前のくじを取ることは人情の普通としてなし難いところであり、本件においても各抽せん者はそれぞれその前面のくじを引いたものであり、その間不当に主宰者の意思を関与せしめたと疑うに足りる情況にあったものと判断される。

そうすると本件においては未だ適法なくじが実施せられたものとは認め難い。

（昭三五・二・四　大阪高裁判決）

Q　有効投票とは何か。

A　投票は、所定の投票用紙に候補者一人だけの氏名を自書することが必要である（法四六）。したがって、二人以上の候補者の氏名を書いたり、

町村議会議員の選挙の投票用紙に町村長選挙の候補者の氏名を書いたり、候補者の氏名のほかに余計なことを書いたり（ただし候補者の職業、身分、住所、敬称の類を記載することは差し支えない）、どの候補者に投票したのかわからないものであったり、また白紙で投票したりしたものは無効投票になる（法六八）。

有効投票とは、投票の中からこれらの無効投票を除いたものをいう。

Q　定員三〇人の場合、二八位以下が法定得票数に達していなかった場合は、どうなるのか。

A　当選人の不足数が議員定数の六分の一を超えるときは直ちに再選挙が行われるが、この場合は当選人の不足は三人であり、六分の一以下であるから、直ちには再選挙は行われない。当選した議員のうちに、後日死亡したり失格したりして欠員ができ、これと合わせて六分の一を超えることになったとき、補欠選挙が行われるわけである（法一一〇、一一三①Ⅵ）。

Q　当選したときには、どんな方法で通知されるのか。

A　めでたく当選が決まれば、直ちに選挙管理委員会から当選人に対して、当選したことが告知される。それと同時に、当選の旨を一般選挙人に知らせるため、当選人の住所、氏名が告示される（法一〇一の三②）。

当選人の当選が法律上効力を生ずるのは、右の当選人の住所、氏名の告示があった日からである（法一〇二）。

また、こうして当選の効力が発生したときは、直ちに選挙管理委員会から当選人に「当選証書」が付与される（法一〇五）。

Q　「繰り上げ当選」というのはどういうことか。

A　当選人はふつう、以上のようにして決められるが、当選人が死亡しているとき、または死亡したとき、あるいは被選挙権を喪失して当選を失った場合、または兼職禁止の職にある者がその職を辞さないで当選を失った場合や、当選した人がその町村との間に請負などをやめない場合は、法定得票数を得ている次点者が繰り上げられて当選人と定められることになっている（法九七①）。

また、当選人の選挙犯罪による当選無効、あるいは総括主宰者、出納責任者の選挙犯罪により当選人の当選が無効となる事態が選挙期日から三か月以内に生じたときは、法定得票数を得ている次順位者が繰り上げ当選人となる。しかし、これらの事由が三か月以後に生じたときは、同数の得票を得たが、くじの結果当選人になれなかった者がある場合に限り、その者が繰り上げ当選人となるが、それに該当する者がない場合は繰り上げは行われない。議員定数の六分の一超の欠員が生じた場合などに補欠選挙が行われることとなる（法九七②）。

2　当選お礼等

Q　当選お礼にまわることは許されるか。

A　当選すれば、選挙中いろいろ後援してもらった選挙人にお礼のあいさつをしたいのは人情であるが、そのために金がたくさんかかったり、その他いろいろな意味で問題となりやすく、弊害を伴うので、法律で一定のワクを設けて制限している。すなわち、公選法には、選挙期日後、当選または落選に関し、選挙人にあいさつする目的で、何人も次の行為をしてはならないと定められている（法一七八）。

(1)　選挙人に対し戸別訪問をすること。

(2)　自筆の信書および当選または落選に関する祝辞、見舞などの答礼のためにする信書並びにインターネット等を利用する方法により頒布される文書図画を除くほか、文書図画を頒布しまたは掲示すること。「自筆の信書」とは、肉筆による葉書、封書に限られ、ワープロ、活版、複写によるものまたは電報などは含まれない。「答礼のためにする信書」は、自筆を要件とされていないので、活版などによることも差し支えないが、祝辞または見舞もないのに自筆でない信書を出すことはできない。

(3)　新聞紙または雑誌を利用すること。つまり、新聞、雑誌にあいさつ文を広告したりしてはならない。しかし、新聞などが当選人の抱負などを記事として報道することは禁止されていない。

(4)　選挙運動放送の制限に入っている放送設備（広告放送設備、共同聴取用放送設備その他有線電気通信設備を含む）を利用して放送すること。

(5)　当選祝賀会その他の集会を開催すること。当選祝賀会という名目のために開かれた集会でないところで、たまたまあいさつするのはよいが、その名目の下に集会を開いてはならない。

(6)　自動車を連ねまたは隊を組んで往来するなどによって、気勢を張る

Q　選挙期日後とは選挙の当日も包含するか。

Q　また、選挙の期日後とは選挙終了後いつまでか。

Q　繰上げ補充による当選のあいさつ行為についても、選挙期日後のあいさつ行為の制限が適用されるか。

Q　ある候補者の推薦人が、当選した候補者のため後援してくれた人びとに信書を出し、礼をのべてもよいか。

Q　ある候補者の後援会が、その候補者の得票数と選挙人に対する感謝文とを一般人にみえる場所に掲示してもよいか。

Q　当選人が自分の運動員を集めて、慰労のため、酒席を開くことは許さ

行為をすること。

(7)　当選に関する答礼のため、当選人の氏名または政党その他の政治団体の名称をいい歩くこと。

A　選挙の当日であっても投票所が閉鎖された後であれば、公選法一七八条に規定する「選挙の期日後」に該当する。

A　当選または落選のあいさつと認められる限り、期間は限られていない。

A　適用されるものと解される。

A　自筆の信書または当選の祝辞など（推薦人に対する）の答礼のための信書以外は、できないと解される。

A　選挙期日後のあいさつ行為の制限違反となる。

A　選挙期日後であっても、このようなことは許されない。

れるか。

3　当選失格と当選無効

Q　当選失格とはどういうことか。

（被選挙権の喪失）

（兼職禁止に該当）

（請負関係などを辞さない）

A　選挙会において当選人と決定されても、次のような事由がある場合はその当選を失うことがある。

1　**被選挙権の喪失**（法九九）

投票日以後、選挙会において当選人を定める前に被選挙権を喪失していれば、最初から当選人に決定されないが、選挙会において当選人の決定があっても、その後被選挙権を喪失したときは、当選を失う。

2　**兼職禁止の職を辞さない場合**（法一〇三）

当選人で、法律に定めているところによって、現に町村議会議員と兼ねることができない職にある者は、当選の告知を受けた日にその職を辞したものとみなされるのに対し、さきの繰り上げ当選のような場合に、当選人と定められた者が当選告知を受けた日から五日以内にその職を辞した旨を届け出ないときは、その当選を失う。

3　**請負関係などの職を辞さない場合**（法一〇四）

町村に対し請負をする者およびその支配人または主として同じような行為をする法人の無限責任社員、取締役、執行役もしくは監査役もしくはこれらに準ずべき者、支配人および清算人である当選人が、当

Q 当選無効とはどういうことか。

（当選人の選挙犯罪）

（総括主宰者などの選挙犯罪による連座制）

選告知を受けた日から五日以内に、それらの業とまったく関係がなくなった旨の届出をしないとき。

A 当選人となった者でも次の事由が生じた場合に、当選しなかったという取扱いをされることである。

1　当選人が選挙犯罪により刑に処せられた場合（法二五一）

当選人が「あいさつを目的とする有料広告の制限違反」（法二三五の六）、「選挙人名簿の抄本等の閲覧に係る命令違反及び報告義務違反」（法二三六の二）、「選挙期日後のあいさつ行為の制限違反」（法二四五）、「選挙運動に関する収入及び支出の規制違反」（法二四六Ⅱ〜Ⅸ）、「寄附等の制限違反」（法二四八・二四九の二③④⑤⑦・二四九の三・二四九の四・二四九の五①③）、「推薦団体の選挙運動の規制違反」（法二五二の二）、「政党その他の政治活動を行う団体の政治活動の規制違反」（法二五二の三）、「選挙人等の偽証罪」（法二五三）の各罪を除く罪を犯し刑に処せられたとき。

2　選挙運動の総括主宰者、出納責任者（候補者または出納責任者と意思を通じて候補者のために選挙運動費用支出制限額の半分以上を支出したものを含む）、地域主宰者（町村の地域（選挙区がある場合は選挙区の地域）を三か所以内に分け、そのうち一または二の地域の選挙運動の主宰者として候補者または総括主宰者から定められた者）、および候補者の父母・配偶者・子・兄弟姉妹・秘書で候補者または総括主宰者もしくは地域主宰者と意思を通じて選挙運動した者が、①買収および利害誘導罪（法二二一）、②多数人買収および多数人利害誘導罪（法二二二）、③候補者および当選人に対する買収および利害誘導罪（法二二三）、④新聞紙、雑誌の不法利用罪（法二二三の二）の罪を犯し刑に処せられたとき（候補者の父母・配偶者・子・兄弟姉妹・秘書については、これらの罪を犯し、禁錮以上の刑に処せられたとき）（法二五一の二①）。

3　組織的選挙運動管理者等が2の①～④の罪を犯し禁錮以上の刑に処せられたとき（法二五一の三①）。

4　出納責任者が選挙費用の法定額違反の罪（法二四七）を犯し刑に処せられたとき（法二五一の二③）。

※　2～4については、連座に該当するとき。

5　当選争訟の結果無効となる場合

公選法では、当選人の決定に異議がある場合、選挙人が争訟を提起してこれを是正させる途をひらいているが、この争訟の結果当選無効となったとき。

（出納責任者の選挙犯罪による連座制）

（当選争訟の結果）

Q　当選人が刑に処せられた（法二五一）ときというのは、執行猶予の判決が確定した場合も含まれるか。

A　含まれる。

なお「第7章　選挙争訟と当選争訟」を参照されたい。

第5章――選挙運動の費用

Q 選挙には、いくら金をつかってもかまわないか。

A 選挙には多額の経費を必要とする。そこに選挙の腐敗を招くおそれも多く、公正明朗な選挙の実現を妨げる大きな障害ともなるので、公選法では、候補者が選任した出納責任者に収支を取り扱わせ（例外＝法一八六・一八七）、会計帳簿の記載、領収書などの徴収、収支の報告、公開など選挙運動に関する収支を明確にし、また選挙運動費用の支出の制限額を定め、各候補者の選挙運動はその範囲内で行われることを要求している。そのほか候補者への寄附についても一定の制限を加え、選挙運動費用の出所を明確にさせるとともに不正な目的で寄附が行われることを防止している（法一四章）。

Q 選挙費用は誰が支出してもよいか。

A 立候補準備のための費用と電話及びインターネットによる選挙運動を除いたすべての経費は、出納責任者以外は誰も支出できない。ただし、出納責任者から文書で承諾を得た者はこの限りでない（法一八七①）。

Q **出納責任者**はどのようにしてきめるか。

A 候補者は、選挙運動を行う場合には、必ず出納責任者一人をきめておかなければならない。この出納責任者には候補者が他の人を選んでもよく、また自分でなることもできる。また、推薦届出者（推薦届出者が数人あるときはその代表者）が候補者の承諾を得て適当な人を選んでもよく、さらに推薦届出者が自分でなることもできる（法一八〇①）。

Q　出納責任者が決定したら、届出が必要か。

A　出納責任者を選任した者は、直ちに出納責任者の氏名、住所、職業、生年月日、選任年月日並びに候補者の氏名を文書で選挙管理委員会に届け出なければならない。推薦届出者が出納責任者を選任したときは、この届出に候補者の承諾を得ていることを証明する書面を添える必要がある。推薦届出者が数人あるときは、その代表者であることを証明する書面も必要である（法一八〇③④）。

Q　出納責任者の届出は、郵便でもできるか。

A　立候補者の届出とちがい、郵便でもできる。この場合、引受時刻証明の扱いで届出書類を郵便局に託したときに届出があったものとみなされる。

Q　出納責任者を解任しようとするとき、または出納責任者を辞任しようとするときはどうすればよいか。

A　候補者が出納責任者を解任しようとする場合は、文書で解任を通知すればよい。推薦届出者が選任した出納責任者を解任しようとする場合は、推薦届出者が候補者の承諾を得てから文書で通知すればよい。逆に出納責任者が辞任しようとする場合は、候補者（推薦届出者が選任者であるときは、あわせて推薦届出者）に文書で通知すればよい（法一八一）。

Q　出納責任者に事故があったりして、出納責任者が欠けたときその職務を行うことのできるのは誰か。

A　候補者が出納責任者を選任した場合および推薦届出者が自ら出納責任者となった場合は、候補者。

推薦届出者が出納責任者を選任した場合は、当該推薦届出者。なお、この場合において当該推薦届出者にも事故があるとき、またはその者も欠けたときは、候補者（法一八三①②）。

Q 出納責任者の事務引継ぎはどうするか。

A 出納責任者が代わったときは、直ちに候補者の選挙運動に関して受けた寄附とか、その他の収入、支出を計算して、新たに出納責任者になった者に対し引継ぎをしなければならない。新たに出納責任者になった者がないときは、出納責任者に代わって職務を行う者に対して引継ぎを行う。

引継ぎは引継書を作り、引継ぎの旨、および引継ぎの年月日を書き、引継ぎをする者と引継ぎを受ける者とが、ともに署名押印し、現金、帳簿その他の書類とともに引継ぎをすることになっている（法一九〇）。

Q 出納責任者の異動、職務代行があった場合、届出書類を選挙管理委員会に提出する前に、選挙運動のための支出や寄附を受けられるか。

A できない。

Q 出納責任者による支出金額最高額はどのようにして決定するか。

A 出納責任者を選任した者は、文書で、出納責任者が支出することのできる金額の最高額を定め、出納責任者とともにこれに署名押印しなければならないこととなっている。これが「支出金額最高額の決定」であるが、選挙運動費用支出制限額は選挙期日の告示のあった後、直ちに選挙管理委員会が告示することになっているから、その告示された法定選挙費の範囲内でこの支出最高額を定めればよいわけである。なお、この文書は作成して保管しておけばよいのであって、別に選挙管理委員会に提出する必要はない（法一八〇②・一九六）。

Q　選挙費用の法定額というのはいくらぐらいになるか。

A　町村議会議員の場合は、選挙区内の議員の定数（選挙区がないときは議員の定数）をもって、選挙期日の告示の日における選挙人名簿登録者数を割った数に一、一二〇円を掛け、さらに九〇万円を合算したものである。たとえば、議員定数が三〇人であり、選挙期日の告示日における名簿登録者数が一七、〇〇〇人の町であれば、

$$\frac{17,000 \times 1,120}{30} + 900,000 = 1,534,700$$

右の計算によりこの町の法定額は一、五三四、七〇〇円となるわけである（この計算において、一〇〇円未満の端数が出た場合は切り上げて一〇〇円とする）。

なお、町村長選挙の場合は、選挙期日の告示日における名簿登録者数に一一〇円を掛け合わせ、さらに一三〇万円を加算した額である（法一九四、令一二七）。

以上、いずれも、選挙管理委員会が選挙期日の告示があった後、具体的な金額を告示することになっている（法一九六）。

Q　出納責任者はどういう仕事をしなければならないか。

（会計帳簿の記載など）

A　出納責任者は選挙運動に関する収入、支出の責任者であるから、寄附金その他の収入を受領したり経費の支出をするほか、次のようなことがその職務内容になっている。

1　**会計帳簿の備付けおよび記載**

会計帳簿（規則三〇号様式の収入簿・支出簿）を作成して備え付け、

選挙運動に関するすべての寄附その他の収入・支出を記載しなければならない。なお、金銭以外の寄附などについては、これを時価に見積って金額を記載することになっている（法一八五）。

（明細書の提出）

2　明細書の提出

出納責任者以外の者が寄附を受けたときは、その日から七日以内に（出納責任者から請求があったら直ちに）寄附をした者の氏名・住所・職業・寄附の金額・年月日を記載した明細書を出納責任者に提出しなければならない。

なお、立候補届出前に候補者が寄附を受けた場合は、立候補届出後直ちに出納責任者にその明細書を提出しなければならないことになっている（法一八六）。

（領収書などの徴収）

3　領収書などの徴収

出納責任者は選挙運動に関するすべての支出について、支出の金額・年月日・目的を記載した領収書その他の支出を証明する書面をとっておかなければならない。ただし、天災地変や、キップなどのように社会通念上から領収書を発行しないことが通例になっている場合とか、そのほかどうしてもとれない事情があれば徴収しなくても差し支えない（法一八八）。

（収支報告書の提出）

4　収入・支出の報告書の提出

出納責任者は、選挙運動に関する寄附その他の収入および支出を記

載した報告書を、

⑴　選挙期日の告示日前までのものと、告示日から選挙期日までのものと、選挙期日後にされたものとをあわせて精算し、選挙の期日から一五日以内に、選挙管理委員会に提出しなければならない。

⑵　⑴の報告書を提出した後に寄附その他の収入及び支出のあったものについては、前回報告した金額をあわせて、その収支のあった日から七日以内に、選挙管理委員会に提出しなければならない。

この収支報告書の支出の部には領収書の写を添えなければならないし、もし領収書がとれなければ、とれない理由・支出の金額・年月日・目的を記載した書面をつけなければならないことになっている（法一八九）。

Q　選挙運動に関する収入・寄附・支出とは具体的に何をいうのか。

A　「収入」とは、金銭・物品その他の財産上の利益を受けることだけでなく、受けることを承諾あるいは約束することも含んでおり、日常の社会生活で使われている「収入」という言葉よりは、広い意味であることに注意しなければならない。すなわち、

①金銭の収受だけでなく、物品その他いやしくも財産的価値のある物の収受、あるいはそれらのものを利用する利益の享受も収入になる。たとえば、自動車や拡声機など選挙運動に用いる物品を無料で借りたとすると、通常支払うべき借上料を支払わずに済む利益があるわけであるから、その借上料に相当する額が収入になる。また、選挙事務所に使用す

る家屋を無料で借りた場合も、同様に収入になる。
②金銭や財産上の利益を現実に収受した場合だけでなく、その収受の承諾または約束だけでも収入となる。もちろんこの場合、その約束に基づいて現実に物や利益を受けたときに、さらに収入になるものではないことは当然のことである。
「寄附」も収入と同じく一般的用語よりも広い意味に用いられ、金銭や物品などの利益の供与だけでなく、その約束も寄附に入る。また、特別に選挙のために徴収した党費、会費なども寄附とみなされるが、普通の党費、会費などは寄附ではない。

なお、寄附を受ける側からみれば収入の一種であるから、他の収入と特に区別する必要もないように思われるが、法が収入のうち寄附を特に区別したのは、その寄附者を明らかにして選挙運動資金の根源を選挙人に知らせようとする趣旨にほかならない。

「支出」は支出する側からみれば、金銭、物品その他の財産上の利益を相手に与えることであるが、この「支出」も収入の場合と同じく、利益を与えるだけでなく与える約束をも含めた広い意味に用いられている。

たとえば、選挙事務所を無料で借りて使用した場合、一般的には支出はないものと考えられているが、選挙運動関係の費用では、借上料に相当する額が寄附として収入になり、同時に借上料として支出になるもの

Q　候補者の自宅を選挙事務所に使用した場合の家屋費は、選挙運動に関する支出となるか。

A　自宅を選挙事務所に使用する場合とか、候補者の日常普通の飲食費などのように候補者の日常生活と密接な関係にある費用は、選挙運動に関する支出には含まれない。また、選挙運動のために支出された費用であっても、次に挙げるものは選挙運動に関する支出でないものとみなされている（法一九七）。

(1)　立候補準備のために使用した支出のうち、候補者または出納責任者に予定されている者（立候補届出後でなければ候補者も出納責任者も正式には確定しない）がした支出あるいはそれらの者と意思を通じてされた支出以外のもの

したがって、出納責任者になる予定の者が何かの事情で変更され、別の人が出納責任者になった場合、前任者から後任者にその支出が引き継がれていないとその支出は選挙運動費用と認められないわけで、候補者、出納責任者になる予定の者のあずかり知らない金は選挙運動費用ではないということになる。

(2)　立候補届出後に候補者、出納責任者と意思を通じてした支出以外のもの

この支出は法によって禁止されており（法一八七）、これを犯した

である。

しかし、紙や鉛筆を買ったような場合は、その代金が支出になるが、これを使ったとき再び支出することにならない。

場合は処罰される。

(3) 候補者自身が乗用する船舶、自動車、電車、汽車などのために使った支出

これは、候補者についてのいっさいの交通費は支出とはならないという意味である。

(4) 選挙の期日後に選挙運動の残務整理のために使った支出

(5) 選挙運動に関して国または地方公共団体に支払う租税または手数料

(6) 選挙運動用自動車および船舶を使用するために要した支出

Q 立候補準備のために使用した支出というのは、どの程度のことをいうのか。

A 立候補準備のためとは、立候補の届出または推薦届出をするために必要な準備であって、たとえば、選挙事務所借入れの内交渉、ポスターの印刷の依頼などの行為をいうのである。

Q **寄附**はいつでも受けられるか。

A 出納責任者は、選任の届出が終わってからでないと、候補者の推薦、支持または反対その他の運動のために、どんな名目であっても、候補者のために寄附を受けたり支出したりすることができない。ただし、立候補の届出前ならば、出納責任者となろうとする者が寄附を受けることは、差し支えない（法一八四）。

Q 個人演説会で入場料を取った場合、その入場料は収入となるか、寄附となるか。

A 入場料を払わなければ入場できないような場合は収入であるが、入場料を払わなくても入場できる場合は寄附と解される。

Q 候補者や推薦届出者は寄附を受け

A できる。ただしこの場合、寄附を受けた日から七日以内に寄附をした

ることができるか。

者の氏名・住所・職業・寄附の金額・その年月日を記載した明細書を出納責任者に提出しなければならない（法一八六①）。

なお、候補者が立候補の届出前に受けたものについては、立候補の届出後直ちに出納責任者に提出しなければならない（法一八六②）。

Q　公選法上候補者への寄附が禁止されているのはどんな場合か。

A　次のような場合は、選挙に関する寄附はいっさい禁止されている。

(1)　寄附をしようとする者が、その町村と請負その他特別の利益を受けるような契約の当事者である場合

(2)　会社その他法人が他から融資（試験研究・調査・災害復旧に対するものを除く）を受けていて、その融資をしている者に対し、その町村から利子補給金の交付の決定があった場合。この場合に寄附が禁止されているのは、もちろん融資を受けている会社などであり、禁止期間は利子補給金の交付決定の通知を受けた日から、利子補給金の交付の日から一年を経過した日までとされている（ただし、交付の決定が全部取り消されたときは、その取消し通知があった日まで）（法一九九・二〇〇）。

Q　企業から寄附を受けても差し支えないか

A　企業から寄附を受けることは、公選法では右の場合を除き規制されていないが、政治資金規正法二一条によって、会社、労働組合、職員団体、その他の団体は、政党及び政治資金団体以外の者に対して政治活動に関する寄附（政治団体がする寄附については適用しない）をしてはならないものとされている。

Q　外国人や外国の会社から寄附を受

A　外国人などから寄附を受けることは、公選法では規制されていない

けても差し支えないか。

Q　ある政党の資金カンパのように一〇円、二〇円といった少額を多くの人から集める場合は、寄附した人の名前を明らかにするのは実際問題として困難だと思うが、どうか。

Q　教育委員会の委員が選挙に関し候補者に寄附をすることはどうか。

Q　労務者、選挙運動員に支払うことのできる報酬や実費弁償額はいくらか。

が、政治資金規正法二二条の五によって、外国人、外国法人、またはその主たる構成員が外国人もしくは外国法人である団体その他の組織から、政治活動に関する寄附（候補者の選挙運動に関するものを含む）を受けてはならないものとされている。

A　匿名の寄附を認めると、政治資金の収支の公開を通じて政治活動の公明と公正を確保しようという政治資金規正法の目的が達成されないおそれがあるとともに、寄附の量的制限、質的制限の実効性も保障されなくなることから禁止されている。ただし、街頭または一般に公開される演説会もしくは集会の会場において政党または政治資金団体に対してする寄附でその金額が一、〇〇〇円以下のものについては、匿名寄附の禁止は適用されない（政治資金規正法二二条の六）。

A　寄附をする委員が、寄附を受けようとする候補者の立候補している選挙の行われる当該町村と請負その他の特別の利益を伴う契約の当事者でなければ差し支えない。たとえば、寄附をする人が、当該町村と請負関係にある土木建築会社社長とか代表者であって、しかも教育委員会の委員であるという場合はできない。

A　選挙運動に従事する者に対して支給することができる実費弁償、選挙運動のために使用する労務者に対し支給することができる報酬や実費弁償の額については、次の基準にしたがって選挙管理委員会が定めることになっている。

1　選挙運動に従事する者一人に対し支給することができる実費弁償の額の基準

(1)　鉄道賃　鉄道旅行について、路程に応じ旅客運賃などにより算出した実費額

(2)　船賃　水路旅行について、路程に応じ旅客運賃などにより算出した実費額

(3)　車賃　陸路旅行（鉄道旅行を除く）について、路程に応じた実費額

(4)　宿泊料（食事料二食分を含む）　一夜につき一二、〇〇〇円

(5)　弁当料　一食につき一、〇〇〇円、一日につき三、〇〇〇円

(6)　茶菓料　一日につき五〇〇円

しかし、町村長や町村議会議員の選挙では鉄道ででかけたり、旅館に宿泊したりする場合は考えられないから、おおむね弁当料と茶菓料であろう。

2　選挙運動のために使用する事務員に対して支給できる報酬の額　一日につき一〇、〇〇〇円以内

3　車上運動員、手話通訳者および要約筆記者に対して支給できる報酬の額　一日につき一五、〇〇〇円以内

4　選挙運動のために使用する労務者一人に対し支給することができる報酬額の基準

(1)　基本日額　一〇、〇〇〇円以内

(2)　超過勤務手当　一日につき右の額の五割以内

5　選挙運動のために使用する労務者一人に対し支給することができる実費弁償額の基準

(1)　鉄道費、船賃、車賃は、1の(1)(2)(3)の額

(2)　宿泊料（食事料を含まない）一夜につき一〇、〇〇〇円

なお、弁当を提供した場合は、このうちから弁当料の額または報酬の基本日額から実費を差し引く。また2および3で報酬を出すことのできる事務員、車上運動員、手話通訳者および要約筆記者は、町村議会議員の選挙では一日七人以内で雇うことができるし、選挙期間中三五人以内は異なった者を雇うことができるが、雇用する前に次の様式で選挙管理委員会に届け出なければならない（法一九七の二、令一二九、規則二九の二・三二号様式の二）。

報酬支給者届出書

届出書

公職選挙法第百九十七条の二第二項の規定により報酬を支給する者を次のとおり届け出ます。

何年何月何日

何選挙候補者　氏　　名　㊞

何選挙管理委員会委員長　氏　　名　あて

記

氏名	住所	年齢	性別	使用する者の別	使用する期間	備考

備考

一　「使用する者の別」の欄には、選挙運動のために使用する事務員にあつては「事務員」と、専ら公職選挙法第百四十一条第一項の規定により選挙運動のために使用される自動車又は船舶の上における選挙運動のために使用する者にあつては「車上運動員」と、専ら手話通訳のために使用する者にあつては「手話通訳者」と、専ら要約筆記（同法第百九十七条の二第二項に規定する要約筆記をいう。）のために使用する者にあつては「要約筆記者」と記載するものとする。

二　既に届け出た者につき、その者に係る使用する期間中、その者に代えて異なる者を届け出る場合においては、その旨を「備考」欄に記載するものとする。

Q　会計帳簿にはどんなことを記載しておかねばならないか。

A　出納責任者は、会計帳簿を備え、次の事項を記載しなければならないことになっている（法一八五）。

(1)　選挙運動に関するすべての寄附、およびその他の収入

(2)　寄附をしたものの氏名・住所・職業・寄附の金額および年月日。金銭以外の場合は時価を見積った金額

(3)　選挙運動に関するすべての支出

（4）支出を受けたものの氏名・住所・職業・支出の目的・金額および年月日

Q　会計帳簿はどんな種類のものがいるか、また、その様式はきまっているか。

A　会計帳簿の様式は、収入簿と支出簿にわかれていて、それぞれの様式によって記載しなければならない。様式も定められていて、次のとおりである（規則二三・三〇号様式）。

会計帳簿

1　収入簿

月日	金額又は見積額	種別	寄附をした者			金銭以外の寄附及びその他の収入の見積の根拠	備考
			住所又は主たる事務所の所在地	氏名又は団体名	職業		
	円						
合計							

備考
1　この帳簿には、選挙運動に関するすべての寄附及びその他の収入を記載するものとする。
2　債務の免除、保証その他金銭以外の財産上の利益の収受については、その債務又は利益を時価に見積つた金額を記載するものとする。
3　寄附及びその他の収入が金銭以外のものであるときは、「金銭以外の寄附及びその他の収入の見積の根拠」の欄にその員数、金額、見積の根拠等を記載するものとする。
4　寄附の中金銭、物品その他の財産上の利益の供与又は交付の約束は、その約束の日の現在において記載するものとし、その旨並びにその履行の有無及び年月日等を「備考」欄に記載するものとする。
5　「種別」の欄には寄附金とその他の収入との区別を明記するものとする。
6　前各号に定めるものの外、出納責任者において必要と認める事項を記載することができる。

2　支出簿

月日	金額又は見積額			支出の目的	支出を受けた者			金銭以外の支出の見積の根拠	支出をした者の別	備考
	金銭支出	金銭以外の支出	合計		住所又は主たる事務所の所在地	氏名又は団体名	職業			
	円	円	円							
合計										

備考　1　この帳簿には、選挙運動に関するすべての支出を記載するものとする。

2　この帳簿には、(一) 立候補準備のために支出した費用 (二) 選挙運動のために支出した費用の二科目を設けて（又は各々分冊して）記載し、「支出をした者の別」の欄に、出納責任者の支出、候補者の支出、その他の者の支出の別を明記するものとする。

3　この帳簿の各科目には、(一) 人件費 (二) 家屋費（(イ) 選挙事務所費 (ロ) 集合会場費等）(三) 通信費 (四) 交通費 (五) 印刷費 (六) 広告費 (七) 文具費 (八) 食料費 (九) 休泊費 (十) 雑費の費目を設けて、費目ごとに記載するものとする。

4　金銭の支出をしたときは、「金額又は見積額」欄中「金銭支出」の欄に記載し、財産上の義務を負担し、又は建物、船車馬、飲食物、その他の金銭以外の財産上の利益を使用し、若しくは費消したときは、「金銭以外の支出」の欄に時価に見積つた金額を記載し、その都度あわせて合計を記載するものとする。

前項の場合において「金銭支出」と「金銭以外の支出」とは、別行に記載するものとする。

5　支出が金銭以外の支出であるときは、「金銭以外の支出の見積の根拠」の欄にその員数、金額、見積の根拠等を記載するものとする。

6　「支出の目的」の欄には、支出の目的（謝金、人夫賃、家屋贈与等）、員数等を記載するものとする。

7　支出の中金銭、物品その他財産上の利益の供与又は交付の約束は、その約束の日の現在において記載するものとし、その旨並びにその履行の有無及び年月日を「備考」欄に記載するものとする。
8　専ら在外選挙人の投票に関してする選挙運動で国外においてするものに関する支出については、その旨を「備考」欄に記載するものとし、当該支出の合計を記載するに当たつては、これ以外の支出と区別し、外書として括弧を付して記載するものとする。
9　選挙運動に係る公費負担対象支出（選挙運動用通常葉書、ビラ若しくはポスターの作成又は選挙事務所、選挙運動用自動車等若しくは個人演説会場の立札及び看板の類の作成に係るもの）については、「備考」欄にその旨を記載するものとする。
10　前各号に定めるものの外、出納責任者において必要と認める事項を記載することができる。

Q　応援弁士に払う費用は、選挙運動費用に加算されるか。

A　選挙運動のために使用する労務者、選挙運動に従事する事務員、車上運動員、手話通訳者および要約筆記者を除き、応援弁士などの選挙運動員に対して報酬を払うことはできない。しかし、実費弁償をすることは当然であって、その費用は選挙運動費用に加算されるものである。

Q　選挙運動に従事する事務員の範囲はどうか。

A　選挙運動のために雇い入れられた者で、広く選挙運動に関する事務に従事する者をいう。

　候補者の親族、友人らのように特別な信頼関係から選挙運動に従事する者でなく、使用する者と使用される者という立場で選挙運動に従事する者である。

Q　候補者である会社社長が、その会社の社員を勤務時間中に演説会の準備などに労働者として使ったときの費用の計算はどうするか。

A　この場合、選挙運動のために要した支出として、すべて計算する必要がある。実際に払ったと否とは問わない。

Q　二人の候補者が選挙事務所や労務者を共同使用することはかまわないと思うが、この場合の計算方法はどうするか。

A　使用の程度が同一程度と認められる場合は、折半して負担すべきである。

Q　寄附の名義でなく陣中見舞として金銭をもらった場合も帳簿にのせなければならないか。

A　実態が寄附である限り、寄附として帳簿にのせなければならない。

Q　候補者の足代、つまり自動車代、渡船賃その他の車馬代は、いっさい選挙運動費用に加算されるか。

A　加算しない。

Q　出納責任者の交通費などの実費弁償は、選挙運動費用の中に入るか。

A　加算される。

Q　**収支報告書**の様式はどうか。

A　報告書の様式は、次のとおりである（規則二三・三一号様式）。

収支報告書

選挙運動費用収支報告書

1　何年何月何日執行　　何選挙　　（何選挙区）

2　公職の候補者　　住所
氏名

3　何月何日から
何月何日まで　　（第何回分）

4　収入の部

月	日	金額又は見積額	種別	寄附をした者			金銭以外の寄附及びその他の収入の見積の根拠	備考
				住所又は主たる事務所の所在地	氏名又は団体名	職業		
		円						
計	寄附							
	その他の収入							
	計							
前回計	寄附							
	その他の収入							
	計							
総額	寄附							
	その他の収入							
	総計							

参考	

5 支出の部

月日	金額又は見積額	区分	支出の目的	支出を受けた者			金銭以外の支出の見積の根拠	備考
				住所又は主たる事務所の所在地	氏名又は団体名	職業		
	円							

計	立候補準備のための支出						
	選挙運動のための支出						
	計						
前回計	立候補準備のための支出						
	選挙運動のための支出						
	計						
総額	立候補準備のための支出						
	選挙運動のための支出						
	総　計						

支出のうち公費負担相当額	項　目	単価 (A)	枚数 (B)	金額 (A)×(B)=(C)
	ビラの作成	円	枚	円
	ポスターの作成	円	枚	円
	計			円

この報告書は、公職選挙法の規定に従つて作製したものであつて、真実に相違ありません。

何年何月何日

出納責任者　住　所

氏　　名 ㊞

備考　1　収入の部においては、一件1万円を超えるものについては各件ごとに記載し、一件1万円以下のものについては種別ごとに各収入日における合計額を一欄に記載するものとする。なお、寄附については、一件1万円以下のものについても必要に応じて各件ごとに記載してさしつかえない。

2　収入の部中「種別」欄には、寄附金、その他の収入の区別を明記するものとする。
3　収入の部中「参考」欄には、選挙運動に係る公費負担相当額（ビラ又はポスターの作成に係るものをいう。以下同じ。）を記載するものとし、また、その他の参考となる事項を記載することができるものとする。
4　支出の部中「区分」の欄には、立候補準備のために支出した費用と選挙運動のために支出した費用との区別を明記するものとする。
5　支出の部中「支出のうち公費負担相当額」欄には、選挙運動に係る公費負担相当額を記載するものとする。ただし、各項目において二以上の契約がある場合には、契約ごとに欄を追加して記載するものとする。
6　精算届後の報告書にあっては、「収入の部」「支出の部」ともに前回報告した金額をあわせて総額の欄に記載するものとする。
7　収入の部の記載については第三十号様式収入簿の備考中2から6までの例により、支出の部の記載については同様式支出簿の備考中3から9までの例によるものとする。

Q　会計帳簿などは何年間保存しなければならないか。

A　会計帳簿、明細書、領収書などの収支を証明する書類は、収支報告書を選挙管理委員会へ提出した日から三年間、出納責任者が保存しておかなければならないことになっている（法一九一）。

第6章——選挙犯罪と当選無効、選挙権および被選挙権の停止

(買収罪1)

Q 買収に関する罪とはどんなものか。

A 買収罪は、選挙犯罪のなかで最も代表的なものであり、かつ、最も悪質なものである。それは刑法における賄賂罪に相当するものであって、選挙人、選挙運動者、公職の候補者、当選人が不法不正の利益の授受によって選挙の結果を左右することは、最も選挙の公正を害することのはなはだしい行為であるといわなければならない。

1 利益供与、職務供与または供応接待による買収罪（法二二一①Ⅰ）

当選を得、もしくは得させまたは得させない目的をもって、選挙人や運動員に金銭、物品などや公私の職務の供与、あるいは供応接待をし、もしくはそれらの申込み、約束をした場合であって、最も普通の買収罪である。利益供与は、借金をまけてやったり、免除してやるようなものでもあてはまるし、運動員に報酬として、定まった額以上の金品を与えた場合にも犯罪として成立する。つまり、運動員に対する交通費、宿泊費、弁当料などの実費弁償および労務者、事務員、車上運動員、手話通訳者、要約筆記者への報酬などは、法定の範囲内なら問題を生じないことはいうまでもないが、それを労務者という形だけ

（利害誘導罪）

借りて不法な報酬を支払うことはできないわけである。

供応接待は飲食物の供与だけでなく、遊覧芝居見物その他の方法で、相手に慰安快楽を与えるものも含まれ、また、後で相手が供応された実費を支払っても犯罪は成立する。「公私の職務の供与」というのは、役場や会社へ採用してやるとか、課長にしてやるといった利益を与えることをいう。

刑罰は、三年以下の懲役もしくは禁錮または五〇万円以下の罰金に処せられる。

2　利害誘導罪（法二二一①Ⅱ）

当選を得、もしくは得させまたは得させない目的で、選挙人もしくは運動員に対し、たとえば、その者と関係のある町村の用水を改修してやるとか、関係のある会社へ融資をあっせんしてやるとか、特殊で直接的な利害関係を利用して、その選挙人もしくは運動員を自己に有利な方へ誘導することについての犯罪である。これは特定の人に働きかける場合よりも、大衆を相手とする場合の方が多い。

正当な政見発表つまり「公約」においても、広い意味では利害誘導的内容がありうるが、犯罪となる利害誘導罪は、「特殊、直接」の利害関係の場合だけが問題となる。何が特殊であり、直接であるかは、健全な社会常識の判断によるべきものというほかはない。

刑罰は１と同じ。

（事後報酬供与罪）

3 事後報酬供与罪（法二二一①Ⅲ）

事後買収罪ともいう。1の買収罪が、将来の行為に対して成立するのに対し、これは⑴投票をしもしくはしなかったこと、⑵選挙運動をしもしくはやめたこと、⑶それらの周旋勧誘をしたことについてその代償として利益供与、職務提供、供応接待などの報酬を与える犯罪である。

約束もしくは申込みによる場合は、事前買収として前掲1の犯罪になる。刑罰は、1と同じ。

（利益収受・要求罪）

4 利益の収受または要求罪（法二二一①Ⅳ）

前掲1の利益供与、供応接待を受け、もしくはそれを要求し、あるいはそれらの申込みを承諾した場合、また前掲2の利害誘導に応じ、もしくはそれを促した場合に成立する罪である。

刑罰は1と同じ。

（金銭物品授受罪）

5 買収のための金銭物品授受の罪（法二二一①Ⅴ）

前掲1、2、3すなわち買収行為をさせる目的で、運動者に金銭、物品を渡し、あるいは渡す旨の申込み、約束をした場合、また、運動者がこれらの金銭、物品を受け取り、あるいは渡すことを要求したり、もしくは渡す旨の申込みを承諾した場合に成立する。

刑罰は1に同じ。

（周旋勧誘罪）

6 買収などの周旋勧誘罪（法二二一①Ⅵ）

前掲1から5までの各種の買収行為について、自らはその当事者にならなくても、金銭、物品の取次ぎをするなど、仲介者として周旋勧誘した場合にこの罪が成立する。当事者間に犯罪が成立しなかった場合でも、周旋勧誘罪は成立する。

刑罰は、1と同じ。

（買収罪2）

7　選挙事務関係者などの買収罪（法二二一②）

選挙管理委員会の委員、職員など選挙事務関係者が、当該選挙に関して、前掲1から6までの罪を犯した場合、または公安委員会の委員や警察官などが、その関係区域内の選挙に関し、これらの罪を犯した場合は、刑罰は、四年以下の懲役もしくは禁錮または一〇〇万円以下の罰金に処せられる。

（買収罪3）

8　候補者などの買収罪（法二二一③）

候補者、選挙運動の総括主宰者、地域主宰者または出納責任者が前掲1から6までの罪を犯した場合をいい、刑罰は7と同じ。

（多数人買収罪1）

9　多数人買収罪（法二二二①Ⅰ）

これは、財産上の利益をはかる目的、つまりひともうけしようという腹で、候補者のために、多数の選挙人または運動者に対して買収罪、利害誘導罪、事後報酬供与罪、買収のための金銭物品授受の罪または周旋勧誘罪など、いわゆる買収行為をなし、または他の者を使ってさせた場合成立する。

刑罰は、五年以下の懲役または禁錮に処せられる。

（多数人買収請負罪1）

10 多数人買収請負罪（法二二一①Ⅱ）

前掲9の多数人買収行為を自ら請け負い、もしくは相手に請け負わせ、またはそれらの申込みをすれば、この犯罪は成立する。買収行為を実行したかどうかは問題でなく、実行した場合は、9の犯罪が成立するわけである。

刑罰は9と同じ。

（買収常習犯）

11 買収行為をした者が、常習者であるときは、刑罰は、9と同じく重く罰せられる（法二二一②）。

常習とは、反復してその行為を行う習癖があることをいい、認定材料としては、買収行為の前科はもちろん、過去の選挙で買収行為を反復している事実であってもよい。

（多数人買収罪2・同請負罪2）

12 候補者などの多数人買収・同請負罪（法二二一③）

候補者、選挙運動の総括主宰者、地域主宰者または出納責任者などが前掲9、10の罪を犯したときは、刑罰はさらに重く、六年以下の懲役または禁錮に処せられる。

以上、9から12は、いずれもいわゆる選挙ブローカーの取締りを目的とした規定である。

（買収罪4）

13 候補者または当選人に対する買収罪（法二二三①）

立候補を辞退させ、立候補届出を中止させ、もしくは、当選人に当選を辞退させるために、買収、利害誘導、事後買収、利益収受または要求、周旋勧誘の各罪を犯した場合は、四年以下の懲役もしくは禁錮または一〇〇万円以下の罰金に処せられる。

（買収罪5）

14　選挙事務関係者などの立候補辞退買収罪（法二二三②）

選挙管理委員会の委員、職員など選挙事務関係者が当該選挙に関して、前掲13の罪を犯した場合、また、公安委員会の委員や警察官がその関係区域内の選挙に関し、これらの罪を犯した場合は、刑罰は五年以下の懲役もしくは禁錮または一〇〇万円以下の罰金に処せられる。

（買収罪6）

15　候補者などの立候補辞退買収罪（法二二三③）

候補者、選挙運動の総括主宰者、地域主宰者、出納責任者などが前掲13の罪を犯した場合、刑罰は、五年以下の懲役もしくは禁錮または一〇〇万円以下の罰金に処せられる。

（不法利用罪1）

16　新聞、雑誌の不法利用罪（法二二三の二①）

新聞、雑誌の経営者、編集者などを買収して、選挙に関する報道を掲載させた者および買収されて掲載した者は、五年以下の懲役または禁錮に処せられる。

（不法利用罪2）

17　候補者などの新聞雑誌不法利用罪（法二二三の二②）

候補者、選挙運動の総括主宰者、地域主宰者、出納責任者などが16の罪を犯した場合は、六年以下の懲役または禁錮に処せられる。

以上の、1から17までの選挙に関する買収罪に関連して得た利益は必

Q　連座制とはどういうものか。また、**おとり罪**というのはどんなものか。

ず全部没収される。もしその一部もしくは全部が没収できない場合は、相当価額を追徴される（法二二四）。

A　総括主宰者、地域主宰者、出納責任者が、また候補者等の父母、配偶者、子、兄弟姉妹、候補者等の秘書が候補者や総括主宰者等と意思を通じて選挙運動をし、買収行為に関する罪等を犯し、あるいは出納責任者が選挙費用の法定額違反の罪を犯して刑に処せられたとき（候補者の父母等および秘書については、禁錮以上の刑に処せられたとき）、および組織的選挙運動管理者等（公職の候補者等と意思を通じて組織により行われる選挙運動において、当該選挙運動の計画の立案もしくは調整または当該選挙運動に従事する者の指揮もしくは監督その他当該選挙運動の管理を行う者（総括主宰者、出納責任者および地域主宰者を除く）をいう）が、買収罪等の罪を犯し、禁錮以上の刑に処せられたとき（執行猶予を含む）は、その当選人の当選が無効となる制度を連座制といい、さらに、連座裁判の確定のときから五年間、当該選挙に係る選挙区（選挙区がないときは、選挙の行われる区域）において行われる当該公職に係る選挙において、公職の候補者となり、または公職の候補者であることができないとされている。

「おとり罪」とは、この規定を悪用してその候補者の当選を失わせるため、他の候補者や運動員と連絡をとり、その候補者の総括主宰者または出納責任者、組織的選挙運動管理者等を誘ったり、あるいは挑発し、買収行為に関する罪または選挙費用の法定制限額違反の罪を犯させた者を厳重に処分するものである。刑罰は、一年以上五年以下の懲役または禁錮に処せられる（法二二四の二①）。

総括主宰者または出納責任者、組織的選挙運動管理者等が、自分の候補者の当選を失わせる目的で、他の候補者や運動員と連絡をとり、右の罪を犯した場合は、さらに重く、一年以上六年以下の懲役または禁錮に処せられる（法二二四の二②）。

また、組織的選挙運動管理者等の買収罪等に該当する行為がおとりもしくは寝返りにより行われたものであるとき、または当該公職の候補者等が当該行為を防止するため相当の注意を怠らなかったときは、連座制を適用しないものとされている（法二五一の二④・二五一の三②Ⅲ）。

＜行政判例＞

○公選法第二五一条の三の合憲性

公職選挙法（以下「法」という。）第二五一条の三第一項は、同項所定の組織的選挙運動管理者等が、買収等の所定の選挙犯罪を犯し禁錮以上の刑に処せられた場合に、当該候補者等であった者の当選を無効とし、かつ、これらの者が法第二五一条の五に定める時から五年間当該選挙に係る選挙区（選挙区がないときは、選挙の行われる区域）において行われる当該公職に係る選挙に立候補することを禁止する旨を定めている。右規定は、いわゆる連座の対象者を選挙運動の総括主宰者等重要な地位の者に限っていた従来の連座制ではその効果が乏しく選挙犯罪を十分抑制することができなかったという我が国における選挙の実態にかんがみ、公明かつ適正な公職選挙を実現するため、公職の候補者等に組織的選挙運動管理者等が選挙犯罪を犯すことを防止するための選挙浄化の義務を課し、公職の候補者等がこれを防止するための注意を尽くさず選挙浄化の努力を怠ったときは、当該候補者等個人を制裁し、選挙の公明、適正を回復するという趣旨で設けられたものと解するのが相当である。法二五一条の三の規定は、このように、民主主義の根幹をなす公職選挙の公明、適正を厳粛に保持するという極めて重要な法益を実現するために定められたものであって、その立法目的は合理的である。また、右規定は、組織的選挙運動管理者等が買収等の悪質な選挙犯罪を犯し禁錮以上の刑に処せられたときに限って連座の効果を生じさせることとして、連座制の適用範囲に相応の限定を加え、立候補禁止の期間及びその対象となる選挙の範囲も前期のとおり限定し、さらに、選挙犯罪がいわゆるおとり行為又は寝返り行為によってされた場合には免責することとしているほか、当該候補者等が選挙犯罪行為の発生を防止するため相当の注意を尽くすことにより連座を免れることのできるみちも新たに設けているのである。そうすると、このような規制は、これを全体としてみれば、前期立法目的を達成するための手段として必要かつ合理的なものというべきである。したがって、法第二五一条の三の規定は、憲法前文、第一条、第一五条、第二一条及び第三一条に違反するものではない。以上のように解すべきことは、最高裁昭和三六年(オ)第一〇二七号同三七年三月一四日大法廷判決・民集一六巻三号五三〇頁、最高裁昭和三六年(オ)第一一〇六号同三七年三月一四日大法廷判決・民集一六巻三号五三七頁及び最高裁昭和二九年(あ)第四三九号同三〇年二月九日大法廷判決・刑集九巻二号二一七頁の趣旨に徴して明らかである。右と同旨の原審の判断は正当として是認することができる。

そして、法第二五一条の三第一項所定の組織的選挙運動管理者等の概念は、同項に定義されたところに照らせば、不明確で漠然としているということはできず、この点に関する所論違憲の主張は、その前提を欠くものといわざるを得ない（最高裁平成八年（行ツ）第一七四号同年一一月二六日第三小法廷判決参照）。（平九・三・一三　最高裁判決）

〈行政判例〉

○公職の候補者を当選させる目的で会社の指揮命令系統を利用して選挙運動を行った右会社の代表取締役等が公職選挙法二五一条の三第一項に規定する組織的選挙運動管理者等に当たるとされた事例

所論の点に関する原審の事実認定は、原判決挙示の証拠関係に照らし、正当として是認することができ、その過程に所論の違法はない。右の事実を含め原審の適法に確定した事実関係によれば、⑴株式会社M青森（以下「本件会社」という。）の代表取締役であったAは、上告人を当選させる目的の選挙運動を本件会社を挙げて行おうと企図し、従業員の朝礼及び下請業者の慰労会に名を借りた会食の席に上告人を招いて同人に立候補のあいさつをさせ、従業員や下請業者等に対して投票及び投票の取りまとめを依頼するなどの選挙運動をすることを計画して、これを本件会社の幹部らに表明し、その結果、少なくともB建設部長、C開発部次長、D総務部長、E建設部次長及びF同部課長らがこれを了承した。⑵右計画の下、Aは、B及びCに対し、選挙運動の方法や各人の役割等の概括的な指示をした、⑶これを受けて、B及びCは、朝礼及び慰労会の手配と設営、総決起大会への出席、後援者名簿用紙、ポスター等の配布と回収などの個々の選挙運動について、D、E、Fや、各営業所のチームリーダー、その他関係従業員に指示するなどして、これらを実行させ、また、自らも慰労会の招待状の起案や上告人の都合の確認に当たるなどした、⑷上告人は、右要請に応じて、朝礼及び慰労会に出席した、⑸その席上、Aは、上告人を会社として応援する趣旨のあいさつをし、上告人自らも、本件会社の従業員又は下請業者らの応援を求める旨のあいさつをしたというのである。

右事実によれば、Aを総括者とする前記六人の者及び同人らの指示に従った関係従業員らは、上告人を当選させる目的の下、役割を分担し、協力し合い、本件会社の指揮命令系統を利用して、選挙運動を行ったものであって、これは、法第二五一条の三第一項に規定する組織による選挙運動に当たるということができる（原審は、少なくとも前記六人において「組織」を形成していたとするが、右と同旨をいうものと解される。）。そして、Aが同項所定の「当該選挙運動の計画の立案若しくは調整」を行う者に、B及びCが「選挙運動に従事する者の指揮若しくは監督」を行う者に各該当し、これらの者が「組織的選挙運動管理者等」に当たることも明らかであり、上告人が、選挙運動が組織により行われることについて、Aとの間で、相互に明示又は黙示に了解し合っていたことも明白であるから、上告人が、右選挙運動につき、組織の総括者的立場にあった者との間に意思を通じたものというべきである。所論は、同項所定の「組織」とは、規模がある程度大きく、かつ一定の継続性を有するものに限られ、「組織的選挙運動管理者等」も、総括主宰者及び出納責任者に準ずる一定の重要な立場にあって、選挙運動全体の管理に携わる者に限られるというが、前記立法の趣旨及び同条の文言に徴し、所論のように限定的に解すべき理由はなく、また、「意思を通じ」についても、所論のように、組織の具体的な構成、指揮命令系統、その組織により行われる選挙運動の内容等についてまで、認識、了解することを要するものとは解されない。（平九・三・一三　最高裁判決）

〈行政判例〉

○相当の注意を怠らなかったの意義

平成六年法律第一〇五号で第二五一条の三を追加し、連座制の対象者を組織的選挙運動管理者等（以下この項に限り単に「管理者」という）にまで拡げた法改正の目的は、選挙浄化の一層の拡充徹底を図る点にあり、したがって、総括主宰者等のみが連座制の対象者とされていた従前の場合以上に、公職の候補者等は選挙浄化のための努力をしなければならなくなったわけである。管理者の選挙違反を理由として当選を無効としたり、立候補の制限をするのは、右目的を担保し努力傾注に期待するための措置なのであるから、候補者等が選挙浄化のための努力を尽くし、その責任を果たしたといいうる場合には、同条第二項第三号の「（買収等の選挙犯罪を）行うことを防止するため相当の注意を怠らなかったとき」に該当するものとして、連座制の適用を免れることになる。右の目的と制裁とはこのような関係になっているので、右条文の解釈としては、如何に努力しても結果的に管理者による選挙犯罪が生ずれば連座制の適用を受けるのを免れることができないというのではない代りに、通り一遍の注意や努力をすれば連座制の適用除外となるというのでもなく、そのためには、管理者が買収等をしようとしても容易にこれをなすことができないだけの選挙組織上の仕組を作り、維持することがその内容になるものと考える。すなわち、右目的の達成をも念頭においた組織内の人的配置をして、管理者に役割・権限が過度に集中しないように留意し、選挙資金の管理・出納が適正明確に行われるよう十分に心掛け、その上で、対象罰則違反の芽となるような事項についても、この防止を計るために候補者等を中心として常時相互に報告・連絡・相談しあえるだけの態勢にしていたと認められることなどがこれに該当しよう。それでもなお管理者において買収等の選挙犯罪をしたとすれば、それはその者限りの責任であるとして、このような場合には連座制の適用が免除されうると解するのが相当である。

（平七・一〇・九　仙台高裁判決）

〈行政判例〉

○法第二五一条の三第一項に規定する選挙運動の意義

「選挙運動」とは、特定の公職の選挙につき、特定の候補者の当選を目的として投票を得又は得させるための直接又は間接に必要かつ有利な一切の行為をいうものと解されるが、特に法第二五一条の三第一項に規定する「選挙運動」を右以上に制限的に解さなければならない理由はない。具体的にある行為が選挙運動に当たるかどうかは、その行為の名目だけでなく、その行為のなされた時期、場所、方法、対象等を総合的に観察し、それが特定の候補者の当選を図る目的意識をともなう行為であるかどうか、またそれが特定の候補者のための投票獲得に直接又は間接に必要かつ有利な行為であるかどうかを、実質に即して判断すべきものである。（平八・七・八　仙台高裁判決）

〈行政判例〉

○組織の意義

法第二五一条の三第一項に規定する「組織」とは、特定の公職の候補者等の当選を得せしめ又は得せしめない目的の下に役割を分担して活動する人的結合体を指し、既存の組織かどうか、継続的な組織かどうかを問わず、規模の大小も問わないというべきである。複数の人が、役割を分担し、相互の力を利用し合い、相互に協力し合って活動する実態をもった人の集合体であれば「組織」に当たると解すべきである。（平八・七・八　仙台高裁判決）

〈行政判例〉

○当該選挙運動の計画の立案若しくは調整又は当該選挙運動に従事する者の指揮若しくは監督その他当該選挙運動の管理を行う者の意義

①「当該選挙運動の計画の立案若しくは調整を行う者」とは、選挙運動組織の一員として、選挙運動全体の計画の立案または調整を行う者をはじめ、ビラ配りの計画、ポスター貼りの計画、個人演説会の計画、街頭演説等の計画を立てる者やその

調整を行う者等で、いわば司令塔の役割を担う者、②「当該選挙運動に従事する者の指揮若しくは監督を行う者」とは、選挙運動組織の一員として、ビラ配り、ポスター貼り、個人演説会、街頭演説等の動員、電話作戦等にあたる者の指揮監督を行う者、いわば前線のリーダーの役割を担う者、③「その他当該選挙運動の管理を行う者」とは、選挙運動組織の一員として、選挙運動の分野を問わず、①、②以外の方法により選挙運動の管理を行う者をいい、たとえば、選挙運動従事者への弁当の手配、車の手配、個人演説会場の確保を取り仕切る等選挙運動の中で後方支援活動の管理を行う者をそれぞれいうものと解される。（平八・七・八　仙台高裁判決）

〈行政判例〉

○意思を通じての意義

法第二五一条の三第一項に規定する「意思を通じて」とは、公職の候補者等と組織（具体的には組織の総括的立場にある者（以下「総括者」という。））との間で、選挙運動が組織により行われることについて、相互に明示あるいは黙示に認識をし、了解し合うことであり、その場合、公職の候補者等において組織の具体的な名称や範囲、組織の構成、構成員、その組織により行われる選挙運動の在り方、指揮命令系統等についての認識までは必要でないというべきである。なお、選挙運動を行う組織の総括者とは、どの公職の候補者等を支援するか、全体としてどの程度の選挙運動を行うか等組織により行われる選挙運動全体の具体的、実質的な意思決定を行い得る者をいうというべきである。（平八・七・八　仙台高裁判決）

Q　連座制の対象となる秘書とはどういう人か。

A　「秘書」とは、公職の候補者等に使用される者で当該公職の候補者等の政治活動を補佐するものをいう。

なお、公職の候補者等の秘書という名称またはこれに類似する名称を使用する者について、公職の候補者等がこれらの名称の使用を承諾しまたは容認している場合には、これらの名称を使用している者は、「秘書」と推定される（法二五一の二①②）。

〈行政判例〉

○秘書の意義

すなわち、被告が自己の使用する者にたまたま命じて被告の政治活動の補佐に該当する事務的、機械的行為をさせたという場合であればともかく、被告の議員秘書である旨を表示した名刺の使用を許容し、かつ、議員秘書としての活動に対する給与まで支払っているＡの行動が、格別高度の判断、才覚を要しなかったからといって、これをもって秘書の行為に当たらないとすることはできず、前記被告の主張は到底採用できない。

してみると、Ａは、本件選挙において候補者になろうとする被告に使用され、被告の県議会議員としての政治活動を補佐する仕事に従事していたものであるから、公職選挙法第二五一条の二第一項五号の秘書に該当するというべきである。（平八・一・一八 東京高裁判決）

（自由妨害罪）

Q 選挙の自由を妨害する罪とはどんなものか。

A これは、暴力、偽計詐術その他の不正な手段によって選挙の自由を阻害するもので、選挙犯罪のうち買収と並び最も悪質なものであり、買収罪が財産上の利益などによって選挙の公正を害し、選挙の結果を左右しようとするのに対するものである。次の各種のものがある。

1 選挙の自由妨害罪（法二二五）

選挙に関し、選挙人、候補者、立候補予定者、運動者または当選人に対し、⑴暴行や威力を加えたり、かどわかす行為、⑵交通や集会の便を妨げ、または演説を妨害し、または文書図画を毀棄し、その他偽計詐術など不正な方法で選挙の自由を妨害する行為、(3)直接間接の特殊の利害関係を利用してこれらの者を威迫する行為、などがこれにあたる。

「威力を加え」とは、いわゆる脅迫はもちろん、雇主が使用人に対し圧迫することなども含まれる。「直接間接の特殊の利害関係による威迫」とは、たとえば、選挙人などに関係ある会社、学校への債権、寄附などに関し、相手に不安を起こさせることをいう。

刑罰は、四年以下の懲役もしくは禁錮または一〇〇万円以下の罰金に処せられる。

〔職権濫用による自由妨害罪〕

2　職権濫用による選挙の自由妨害罪（法二二六①）

公務員や選挙事務関係者等が、故意に職務の執行を怠り、あるいは正当な理由がなくて候補者、運動員につきまとい、その居宅や選挙事務所に立ち入るなど、職権を濫用して選挙の自由を妨害した場合、本罪が成立する。

刑罰は、四年以下の禁錮に処せられる。

〔氏名表示を求める罪〕

3　被選挙人の氏名表示を求める罪（法二二六②）

公務員もしくは選挙事務関係者等が、選挙人に対し、投票しようとした人または投票した候補者の氏名の表示を求めたとき、この罪が成立する。つまり誰に投票したかを発表させることである。表示を求めるとは、軽く聞く場合も、それとなく聞く場合も含む。
刑罰は、六月以下の禁錮または三〇万円以下の罰金に処せられる。

（投票の秘密侵害罪）

4 投票の秘密侵害罪（法二二七）

選挙事務関係者（立会人および監視者を含む）が、選挙人の投票した被選挙人の氏名を表示したとき成立する。これらの者は、職務上誰が誰に投票したかを知りやすい立場にあるので、特にこれらの者の表示行為を処罰するものである。
刑罰は、二年以下の禁錮または三〇万円以下の罰金に処せられる。その表示した事実が虚偽であるときも同様である。

（投票干渉罪）

5 投票干渉罪（法二二八）

投票所または開票所で、正当な理由なしに選挙人の投票に干渉し、または被選挙人の氏名を認知する方法を行った者に対する罪である。
刑罰は、一年以下の禁錮または三〇万円以下の罰金に処せられる。また、法令の規定によらないで投票箱を開いたり、投票箱から投票用紙を取り出した者は、三年以下の懲役もしくは禁錮または五〇万円以下の罰金に処せられる。

（その他の罪）

6

このほかに、選挙の自由を妨害する罪としては、多数集合して集会や交通の便を妨げるなど選挙妨害をした罪（法二三〇）や凶器携帯罪（法二三一・二三二）、選挙事務関係者等に対する暴行、騒擾罪（法二二九）などがあり、それぞれ刑罰が規定されている。

Q 選挙犯罪のせん動とはどんなことか。

A 演説または新聞、雑誌、ポスターその他いかなる方法を用いるかを問わず、選挙について買収行為に関する罪または選挙の自由妨害罪等を犯させる目的で人をあおった者が処罰される。

刑罰は、一年以下の禁錮または三〇万円以下の罰金に処せられる（法二三四）。

Q **虚偽事項を公にする罪**とはどんなことか。

A 選挙に際し、新聞、雑誌、電報、ポスターその他いかなる方法によっても、候補者等を当選させたいあまりにその身分、経歴などを偽って世間に発表したり、他の候補者を落とすために事実無根のことを公表したりすることは、選挙の公正を害するものである。そこで次の行為が処罰される。

1 当選を得または得させるための虚偽事項公表罪（法二三五①）

候補者等の身分、職業または経歴、政党その他の政治団体への所属や推薦等に関し、事実でない事項を公にした場合である。たとえば、博士でないのに博士と称し、党公認でないのに公認というようなことが該当する。

刑罰は、二年以下の禁錮または三〇万円以下の罰金に処せられる。

2 当選を得させないための虚偽事項公表罪（法二三五②）

他人が候補者を当選させない目的で候補者等に関し、虚偽の事項を公にした場合である。この場合は、候補者等の身分、職業または経歴だけに限らない。その家族に中傷を加えることによって候補者等に打撃をおよぼすようなことも含まれる。

刑罰は、四年以下の懲役もしくは禁錮または一〇〇万円以下の罰金に処せられる。

Q 投票の不正に関する罪とはどんなことか。

A 投票する資格のない者が詐偽的手段によって投票資格を獲得し、あるいは選挙人でない者が投票したり、投票そのものを偽造もしくはその数を増減したり、または代理投票で選挙人の指示する候補者の氏名を記載しなかった者など、投票に際して不正行為を行うこともまた選挙の公正を害するゆえんであり、それぞれ処罰されることになっている。

Q 立候補に関し虚偽の宣誓する罪とはどんなことか。

A 選挙期日において住所要件を満たすと見込まれることや立候補が禁止されている者に該当しないことについて、立候補の届出時に宣誓書を添付することとされており、この宣誓書において虚偽の誓いをした者は、処罰される。

刑罰は、三〇万円以下の罰金に処せられる（法二三八の二①）。

なお、本罪については、悪質なものを処罰する趣旨から、町村の選挙管理委員会の告発によって親告罪とされている（法二三八の二②）。

Q その他の選挙犯罪にはどんなものがあるか。

A
(1) 立会人の義務懈《け》怠罪（法二三八）
(2) 氏名などの虚偽表示罪（法二三五の五）
(3) 選挙放送などの制限違反（法二三五の四）
(4) 形式犯（詳細は、選挙運動違反（形式犯）と罰則対照表参照）

などである。

Q　選挙犯罪の**時効**は何年か。

A　「時効」というのは、犯罪がおきたときから一定の期間を経れば、その犯罪について、検察官は公訴を裁判所へ提起することができないという定めである。選挙犯罪の時効も、一般の刑法犯の時効と同期間である。すなわち、

(1)　長期一〇年未満の懲役または禁錮にあたる罪については五年

(2)　長期五年未満の懲役もしくは禁錮または罰金にあたる罪については三年

(3)　拘留または科料にあたる罪については一年である（刑事訴訟法二五〇）。

Q　連座制により総括主宰者などの刑が確定すれば直ちに当選人の当選が無効となるのか。

A　連座制は総括主宰者、出納責任者などの選挙犯罪（法二五一の二）、組織的選挙運動管理者等の選挙犯罪（法二五一の三）、公務員などの選挙犯罪（法二五一の四）により当選人の当選も無効となるのであるが、当該総括主宰者などの刑が確定することにより直ちに無効になるのではない。その手続きとしては、選挙犯罪者の刑が確定した後に、二一〇条の規定により当該当選人が当選無効とならないことの確認を求める訴訟を提起する場合や二一一条の規定により検察官が当選人を被告として当選無効の訴訟を提起する場合等の連座裁判の結果連座の規定に該当すると認められたときはじめて当選が無効となるのである（法二一〇・二一一・二五一の五）。

Q　**選挙権および被選挙権の停止**され

A　選挙犯罪を犯し、処刑された者は、処刑の大小によって相当期間選挙

るのはどんな場合か。

権、被選挙権を停止させられることになっている。この期間中は、立候補はもちろん、他の候補者のための選挙運動もすることはできない。詳しく述べると次のとおりである（法二五二・八六の八・一三七の三）。

(1)　選挙犯罪を犯し罰金の刑に処せられた者は、その裁判が確定した日から五年間、罰金刑の執行猶予の言渡しを受けた者は、執行猶予の期間中停止される。この場合、選挙人名簿抄本の閲覧に係る報告義務違反（法二三六の二②）、選挙事務所・休憩所などの制限違反（法二四〇）、選挙事務所設置の届出違反（法二四二）、選挙運動に関する各種制限違反・その二（法二四四）、選挙期日後のあいさつ行為の制限違反（法二四五）、推薦団体の選挙運動の規制違反（法二五二の二）、政党その他の政治活動を行う団体の政治活動の規制違反（法二五二の三）、選挙人などの偽証罪（法二五三）による罰金刑は除く（法二五二①）。

(2)　選挙人などの偽証罪（法二五三）を除く選挙犯罪を犯し、禁錮以上の刑に処せられた者は、裁判確定日から刑の執行を終わるまでの間とその後の五年間、もしくは刑の執行免除を受けるまでの間とその後の五年間は、選挙権、被選挙権を有しない。禁錮以上の刑で執行猶予の言渡しを受けた場合は、猶予期間中停止される（法二五二②）。

(3)　買収および利害誘導罪（法二二一）、多数人買収および利害誘導罪（法二二二）、候補者および当選人に対する買収および利害誘導罪（法二二三）または新聞紙、雑誌の不法利用罪（法二二三の二）で刑に処せられた者が、再びこれらの刑に処せられた場合、刑確定日から執行が終わるまでの期間とその後一〇年間停止される（法二五二③）。

(4) これらの停止期間は情状により、適用しなかったり、短縮することができるが、この場合は裁判所がその旨宣告することになっている。したがって、判決の際裁判所の宣告がなければ、前述通り停止されることになる。なお、禁錮以上の刑に処せられた場合又は買収罪等（二二一から二二三の二までの罪）で罰金刑に処せられた場合は停止期間の短縮はできるが、不停止はできない（法二五二④）。具体例をあげれば、買収罪で懲役三年の判決を受けた場合、短縮の宣告がなければ選挙権、被選挙権は三年プラス五年の計八年間停止されることになる。もし、執行猶予四年を言い渡されたら、四年間停止。判決の際、短縮を宣告されたら、その期間となるわけである。

(5) このほか、公職にある間に犯した収賄罪により刑に処せられた者は、実刑期間に加え、その後の五年間（執行猶予の場合はその期間）、選挙権及び被選挙権は停止され、被選挙権については、その上さらに五年間（執行猶予の場合を除く）停止される（法一一・一一の二）。

第7章――選挙争訟と当選争訟

Q 選挙に関する争訟とはどういうことか。

A たとえば、投票所に掲示してある候補者氏名一覧表に自分の名が落ちていたというように、選挙の執行方法に選挙管理者の手落ちによるところのあやまりがあり、そのため当選できるところを当選しなかった場合、あるいは選挙自体は公正に行われても、投票の計算が誤っていた場合のように、当選の決定に際し違法があった場合などには、それぞれの決定について異議の申出、審査の申立て、訴訟などを提起することができる。前者は選挙の効力、後者は当選の効力に関する争訟である。また、選挙運動の総括主宰者または出納責任者などが選挙犯罪で刑に処せられた場合、候補者等である公務員が選挙犯罪で刑に処せられた場合には、検察官は関係当選人の当選無効を主張する訴訟を提起することもできる。

Q **選挙の効力に関する争訟**はどうしてやるか。

A 町村議会議員選挙において、その選挙の効力に関し異議がある候補者、選挙人は、⑴異議の申出を、選挙の日から一四日以内に、文書でそれぞれの町村選挙管理委員会に対しすることができる（法二〇二①）。

なお、この決定に不服のある者は、⑵審査の申立てを、その決定書の交付を受けた日から二一日以内に、文書で都道府県の選挙管理委員会へ提起し、裁決を求めることができる（法二〇二②）。さらに、この裁決にも不服のある者は、(3)訴訟を、その裁決書の交付を受けた日から三〇日以内に、高等裁判所に提起し、判決を求めることができる（法二〇三①）。

なお、この選挙の効力に関する争訟は、選挙人名簿、選挙の告示、投票用紙、投票所、開票所、各種立会人、選挙長などの違法をめぐって提起されることが多い。この異議の申出、審査の申立て、訴訟の結果によっては、その選挙の全部もしくは一部が無効となり、再選挙が行われることがある。

Q　当選の効力に関する争訟はどうしてやるか。

A　この争訟は、選挙それ自体はあやまりなく行われたけれども、個々の当選人の決定に当たって違法があることを主張するものである。たとえば、得票数の算定、投票の効力判定、当選人あるいは落選人の資格に関する認定などに際しての誤りをめぐって提起されることが多い。

この争訟は、前記の「選挙の効力に関する争訟」の場合の異議の申出、審査の申立て、訴訟の手続きに準じて提起するものである。

なお、この当選争訟における「潜在無効投票」、たとえば選挙当日選挙権を有しない者の氏名詐称による投票などのように、本来無効となるべき投票でありながら、その無効の原因が表面に現われないため、有効投票に算入されたいわゆる「潜在無効投票」があることが判明した場合は、その選挙管理委員会または裁判所は、その開票区ごとに、各候補者の得票数から、その無効投票の数を各候補者の得票数に応じて按分して得た数を差し引いて、有効投票を計算することとなる。

その結果、得票数がなお法定得票数を上回る当選人は当選を失わないが、法定得票数以下となる当選人の当選は無効となる。

Q　争訟の処理はなるべく早くしてもらわなければ効果がないが、決定までにはどれくらいかかるか。

A　以上述べた選挙に関する各種の争訟のうち、異議の申出に対する決定は、その申出を受けた日から三〇日以内に、審査の申立ての裁決は申立て受理の日から六〇日以内に、訴訟の判決は事件を受理した日から一〇〇日以内にするように努めなければならないことになっている。

付録

●選挙運動の費用に関する罰則一覧

＊すべて、刑の確定により選挙権および被選挙権が停止される

種類	事項	罰則
選挙運動に関する収入および支出の規制違反（法二四六）	(1) 届出前の寄附の受領および支出の禁止の規定に違反して寄附を受けたとき、または支出をしたとき。 (2) 会計帳簿の備付および記載の規定に違反して会計帳簿を備えず、または会計帳簿に記載せず、もしくはこれに虚偽の記入をしたとき。 (3) 明細書の提出の規定に違反して出さなかったり、虚偽の記入をしたとき。 (4) 出納責任者の支出権限の規定に違反して支出したとき。 (5) 領収書などの徴収および送付の規定に違反して領収書その他の支出を証する書面を徴せず、もしくは送付せず、またはこれに虚偽の記入をしたとき。 (6) 選挙運動に関する収入および支出の報告書の提出の規定に違反して報告書等の提出を怠り、またはこれに虚偽の記入をしたとき。 (7) 出納責任者の事務引継ぎをしないとき。 (8) 帳簿および書類の保存をしないとき。	三年以下の禁錮または五〇万円以下の罰金 （情状により禁錮、罰金が併科される）

	(9) 保存すべき書類その他支出を証すべき書面に虚偽の記入をしたとき。 (10) 報告書の調査に関する資料提出の要求を拒み、または虚偽の報告、資料を提出したとき。	
候補者などの寄附の制限違反（法二四九の二）	候補者などの寄附の禁止の規定に違反して寄附した者。 (1) 候補者等が行うもの (2) 候補者等を威迫して勧誘・要求を行うもの (3) 候補者等を名義人として行うもの	(1) 五〇万円以下の罰金 （選挙に関する寄附、通常一般の社交の程度を超える寄附をした者は、一年以下の禁錮または三〇万円以下の罰金） (2) 一年以下の懲役、禁錮または三〇万円以下の罰金 （公職の候補者等の当選又は被選挙権を失わせる目的をもって、勧誘し又は要求した者は三年以下の懲役、禁錮または五〇万円以下の罰金） (3) 五〇万円以下の罰金 （情状により禁錮、罰金が併科される）
選挙費用の法定額違反（法二四七）	(1) 選挙運動に関する支出制限額を超えて支出したとき。 (2) 選挙運動に関する支出制限額を超えた支出をさせたとき。	(1)、(2)いずれも三年以下の禁錮または五〇万円以下の罰金（情状により禁錮、罰金が併科される）
寄附の勧誘、要求の制限違反（法二四九）	地方公共団体と請負その他特別の利益を伴う契約の当事者（法一九九条一項の規定の特定の者）に対して寄附を勧誘したり要求した者、および寄附を受けた者。	三年以下の禁錮または五〇万円以下の罰金 （情状により禁錮、罰金が併科される）

寄附の制限違反（法二四八）	(1) 法一九九条一項の規定の特定の者が（会社その他の法人を除く）、同項の規定に違反して当該選挙に関し寄附したとき。 (2) 会社その他の法人が、法一九九条の規定に違反して寄附したときは、その会社その他の法人の役職員として当該違反行為をした者。	三年以下の禁錮または五〇万円以下の罰金 （情状により禁錮、罰金が併科される）
候補者などの関係会社などの寄附の制限違反（法二四九の三）	候補者が役職員または構成員である会社（法人・団体）が当該選挙に関し、当該選挙区内にある者に対し、その者の氏名を表示または類推されるような方法で寄附したとき、その会社（法人・団体）の役職員、構成員として当該違反行為をした者。	五〇万円以下の罰金
候補者の氏名などを冠した団体の寄附制限違反（法二四九の四）	候補者の氏名などを表示した団体が当該選挙に関し、当該選挙区内にある者に対し寄附したとき、その団体の役職員、構成員として当該違反行為をした者。	五〇万円以下の罰金
後援団体に関する寄附の制限違反（法二四九の五）	(1) 後援団体が当該選挙区内にある者に対し寄附したとき、その後援団体の役職員、構成員として当該違反行為をした者。（政党その他の政治団体、当該公職の候補者等に対してする場合、法で定める一定期間外の設立目的により行う行事又は事業に関するものを除く） (2) 見学、旅行などの行事で一定期間に当該選挙区内にある者を供応接待をし、または金銭、記念品その他の	五〇万円以下の罰金

物品を供与した者。

(3)　会社（法人・団体）が(2)の違反をして供応接待をし、または金銭、記念品その他の物品を供与したときは、その会社（法人・団体）の役職員、構成員として当該違反行為をした者。

(4)　法一九九条の五第三項の規定に違反して寄附した者。

●選挙運動違反（形式犯）と罰則対照表

違反事項	関係条文	罰則
1　事前運動をした者	一二九・二三九①Ⅰ	一年以下の禁錮または三〇万円以下の罰金
2　教育者たる地位を利用して選挙運動をした者	一三七・二三九①Ⅰ	〃
3　年齢満十八歳未満の者で選挙運動をし、または年齢満十八歳未満の者を使用して選挙運動をした者	一三七の二・二三九①Ⅰ	〃
4　選挙権・被選挙権のない者で選挙運動をした者	一三七の三・二三九①Ⅰ	〃
5　選挙事務所の閉鎖命令に従わなかった者	一三四・二三九①Ⅱ	〃
6　戸別訪問をした者	一三八・二三九①Ⅲ	〃
7　選挙に関し署名運動した者	一三八の二・二三九①Ⅳ	〃
8　公務員らの選挙運動などの制限に違反した者	一二九・一三六の二・二三九の二	二年以下の禁錮または三〇万円以下の罰金
9　選挙事務所の定数を超えて設置した者	一三一①・二四〇①Ⅰ	三〇万円以下の罰金
10　選挙事務所の移動の制限に違反した者	一三一②・二四〇①ⅠのⅡ	〃
11　選挙当日投票所の入口から三〇〇メートル以内に選挙事務所を設置した者	一三二・二四〇①Ⅱ	〃
12　休憩所その他これに類似する設備を設けた者	一三三・二四〇①Ⅲ	〃
13　候補者またはその推薦届出者以外の者で選挙事務所を	一三〇①・二四一Ⅰ	六月以下の禁錮または三〇万円以下の

設置した者		罰金
14　選挙事務関係者または特定公務員で選挙運動をした者	一三五・一三六・二四一Ⅱ	〃
15　選挙事務所の設置および異動の届出を怠った者および標札を掲示しなかった者	一三〇②・一三一③・二四二①	二〇万円以下の罰金
16　飲食物を提供した者	一三九・二四三①Ⅰ	二年以下の禁錮または五〇万円以下の罰金
17　違法な連呼行為をした者	一四〇の二①・二四三①Ⅰの二	〃
18　自動車、拡声機および船舶の使用制限に違反した者	一四一①・二四三①Ⅱ	〃
19　自動車、船舶の乗車制限に違反して乗車または乗船した者	一四一の二②・二四三①Ⅱの二	〃
20　車上の選挙運動の制限に違反して選挙運動をした者	一四一の三・二四三①Ⅱの三	〃
21　文書図画の頒布の制限に違反した者	一四二・二四三①Ⅲ	〃
22　選挙運動用電子メールの送信主体及び送信先の制限に違反して送信した者	一四二の四・二四三①Ⅲの二	〃
23　有料インターネット広告の規定に違反して広告を掲載した者	一四二の六・二四三①Ⅲの三	〃
24　文書図画の掲示の制限に違反した者	一四三・二四三①Ⅳ	〃
25　ポスターを制限枚数以上使用した者	一四四・二四三①Ⅳ	〃
26　脱法文書を頒布または掲示した者	一四六・二四三①Ⅴ	〃
27　文書図画の撤去処分に従わなかった者	一四七ⅠⅡⅤ・二四三①Ⅴの二	〃

28　新聞、雑誌の報道評論の自由または新聞広告の規定に違反して新聞または雑誌を頒布または掲示した者	一四八②・一四九⑤・二四三①Ⅵ	〃
29　新聞広告の規定に違反して新聞広告した者	一四九④・二四三①Ⅶ	〃
30　挨拶を目的とする有料広告の禁止に違反して広告を掲載させまたは放送をさせた者	一五二①・二三五の六①	五〇万円以下の罰金
31　挨拶を目的とする有料広告の禁止に違反して、候補者等または後援団体の役職員若しくは構成員を威迫して、広告を掲載させまたは放送をさせることを求めた者	一五二②・二三五の六②	一年以下の懲役もしくは禁錮または三〇万円以下の罰金
32　候補者以外の者で個人演説会もしくは合同個人演説会を開催した者	一六四の三・二四三①Ⅷの Ⅲ	二年以下の禁錮または五〇万円以下の罰金
33　街頭演説の規定に違反して街頭演説をした者	一六四の五①・二四三①Ⅷの Ⅳ	〃
34　街頭演説の場合の選挙運動員らの制限に違反して選挙運動に従事した者	一六四の七②・二四三①Ⅷの Ⅵ	〃
35　他の選挙の投票日に、投票所の入口から三〇〇メートル以内の区域で演説会等を開催した者	一六五の二・二四三①Ⅸ	〃
36　禁止されている特定建物または施設で演説等をした者	一六六・二四三①Ⅹ	〃
37　気勢を張る行為をした者	一四〇・二四四①Ⅰ	一年以下の禁錮または三〇万円以下の罰金
38　選挙用自動車、拡声機および船舶に表示をしなかった者	一四一⑤・二四四①Ⅱ	〃
39　選挙運動用電子メール等の表示義務に違反した者	一四二の四⑥・一四二の五②・二四四	〃

40	ポスターを禁止されている箇所または居住者の承諾を得ないでポスターを貼った者	一四五①②・二四〇①Ⅲ	〃
41	文書図画の撤去処分に従わなかった者	一四七ⅢⅣ・二四〇①Ⅳ	〃
42	街頭演説において標旗の提示を拒んだ者	一六四の五④・二四〇①ⅤのⅡ	〃
43	夜間（午後八時から翌日午前八時まで）街頭演説をした者	一六四の六①・二四〇①Ⅵ	〃
44	選挙期日後のあいさつ行為を行った者	一七八・二四五	三〇万円以下の罰金
45	立候補に関し虚偽の宣誓をした者	八六の四④Ⅲ・二三八の二①	〃
46	選挙運動に関する収入、支出および寄附などの制限違反	二四六～二四九の五	前掲（選挙運動の費用に関する罰則一覧参照）

●町村議会議員選挙における各種届出事項一覧（▲印の届出先は選挙長　○印の届出先は選挙管理委員会）

	事項	期間または期日	添付書類	本文参照ページ
1	▲立候補届出	告示日		
	（本人届出の場合）(1)候補者届出書		宣誓書、供託証明書、戸籍謄（抄）本（政党所属の候補者は、右のほか所属党派証明書）	四七頁
	（推薦届出の場合）(2)候補者推薦届出書		宣誓書、供託証明書、戸籍謄（抄）本、届出人の選挙人名簿登録証明書、候補者	四八頁

			の承諾書（政党所属の候補者は、右のほか所属党派証明書）	
2	▲通称認定申請 通称認定申請書	立候補届出と同時	通称が戸籍名にかわり広く通用していることを証するにたりる資料	五六頁
3	○選挙事務所 (1)選挙事務所設置届	設置後直ちに	（推薦届出者が設置した場合は候補者の承諾書、推薦届出者が数人あるときは、さらにその代表者であることの証明書）	八六頁
	(2)選挙事務所異動届	異動後直ちに	（同　右）	八六頁
4	○出納責任者 (1)出納責任者選任届	選任後直ちに	（同　右）	一六四頁
	(2)出納責任者異動届	異動後直ちに	（同　右） （異動事由が解任または辞任による場合は、それぞれその旨の文書による通知のあったことを証すべき書面）	一六四頁
	(3)出納責任者職務代行開始届	代行開始後直ちに	（同　右）	一六五頁
	(4)出納責任者職務代行終止届	代行終止後直ちに	（同　右）	一六五頁
5	○選挙（開票）立会人 選挙（開票）立会人となるべき者の届	投票日の三日前まで	立会人となるべき者の承諾書	六三頁
6	○個人演説会 （公営施設を利用する場合）			

	個人演説会開催申出	開催日の二日前まで	（なし）	一三六頁
	（公営施設以外の施設を利用する場合）	（届出の必要なし）		一三八頁
7	○報酬を支給する事務員、車上運動員、手話通訳者および要約筆記者			一七三頁
	報酬を支給する者に関する届出書	事務員などを使用する前	（なし）	一七六頁
8	○選挙運動費用 選挙運動費用収支報告	投票日後一五日以内（報告後さらに収支があったときは、収支のあった日から七日以内）	領収書等の写し（領収書等がないときは、その分について「領収書等を徴し難い事情があった支出の明細書」を添付）	一八〇頁

（選挙公報を発行する町村）

9	○選挙公報 選挙公報掲載申請	選挙管理委員会の定める期日	掲載文原稿など選挙管理委員会の定める書類	六九頁

こんなときどうする？
Q＆A　選挙運動早わかり——第７次改訂版
地方議会選挙の手引き

平成７年１月25日　初版発行
平成10年11月１日　改訂版発行
平成15年１月15日　第２次改訂版発行
平成19年２月１日　第３次改訂版発行
平成23年１月25日　第４次改訂版発行
平成26年11月25日　第５次改訂版発行
平成30年12月17日　第６次改訂版発行
令和２年11月12日　第７次改訂版発行
令和５年２月15日　３刷発行

編　者　全国町村議会議長会《ぜんこくちょうそんぎかいぎちょうかい》
発行者　佐 久 間 重 嘉
発行所　学　陽　書　房
（営業）東京都千代田区飯田橋1-9-3
TEL 03（3261）1111　FAX 03（5211）3300
http://www.gakuyo.co.jp/

印刷／加藤文明社　製本／東京美術紙工

©2020, Printed in Japan. ISBN978-4-313-18037-6 C2030
乱丁・落丁本は、送料小社負担にてお取り替えいたします。

JCOPY〈出版者著作権管理機構 委託出版物〉
本書の無断複製は著作権法上での例外を除き禁じられています。複製される場合は、そのつど事前に、（社）出版者著作権管理機構（電話 03-5244-5088、FAX 03-5244-5089、e-mail:info@jcopy.or.jp）の許諾を得てください。